〈学ぶ学生〉の実像

大学教育の条件は何か

濱中淳子
葛城浩一
［編著］

勁草書房

はしがき

濱中淳子

一〇年ほど前、ある学生と出会った。彼女は全国的に名の知れた、いわゆる研究大学の学生で、私たちはイベントなどで何度か顔を合わせる機会があった。明るく人懐っこい彼女は、自然と私に話しかけ、そのなかで少しずつ自分のことを打ち明けるようになった。どこで生まれ、幼少期は何が好きだったのか。家族とどんな時間を過ごし、中学ではどのような部活動をしていたのか。高校の先生との関係、そしてどのような職業を目指しているのか。夢や希望に満ちた話は、聞いていて非常に面白く、素直に応援したくなる内容だった。

しかし、彼女の話のなかでひとつだけ引っかかるものがあった。大学進学後の話だ。彼女は語学の授業に全力を注いでいた。履修した語学の種類は非常に多く、第二外国語として選んだ中国語をはじめ、フランス語、ドイツ語、イタリア語、スペイン語、韓国語、ロシア語、アラビア語などを学んでいた。たしか「ギリシャ語もやってみたい」と話していたと記憶している。短期間でそれほど多くの語学を学んで混乱しないのかとたずねたところ、「それほど問題はない」という返事だった。もともとの才能もあったのだろうが、彼女は夜遅くまで図書館にこもり、かなりの時間を授業の予習復習に費やし、単語や言い回しを習得していたようだ。

なぜ彼女はそこまで語学に力を入れていたのか。理由をたずねると、「語学は成長がわかりやすい。やればやるほど上達するし、それが実感できるから」という答えだった。この部分に私は引っかかりを感じたのだ。語学を学ぶ過程では、その言語を使用する国や社会の歴史・文化にも触れることがあるだろう。そして、大学という環境だからこそ、多様な語学の授業を受ける機会がある点も強調される。しかし、「単語や言い回しの習得」が大学での学びの中心になっていることをどう評価すればよいのだろうか。もし彼女が「研究」と呼べるものに注力する学生時代を過ごしていたら、どのようになっていたのだろうか。実は彼女はこうもいっていた。「語学しかやることがないから……」。成長実感以外にも、彼女が語学に集中する理由があるのではないか。そんなことを考えずにはいられなかった。

本書は、大学で意欲的に学ぶ学生たちの姿から、大学教育の現状を診断しようする試みである。大学教育のあり方が議論の俎上に上がるとき、その多くは、学習に意欲をみせない学生たちに焦点をあてていたように思う。どのように働きかけ、どのような環境を整えれば学びを促進できるのかという論点は、非常に重要だ。しかし、その一方で、意欲的な学生たちの学びはほとんど議論の対象にされてこなかった。「かれらは放っておいても大丈夫」という暗黙の前提があったのかもしれない。しかし、本当に「大丈夫」なのかは疑わしい。意欲的に学ぶ学生たちの実像は謎に包まれている。

大学教育に関心がある人には、ぜひとも本書を読み進め、これまで共有されてこなかった学生の「実像」を知ってもらいたい。そして、それを踏まえて、大学教育改革の議論に必要な論点について、改めて考えてほしい。私自身、本書の執筆と編集を通して、冒頭で紹介した学生が抱えていたものに、ようやく近づけたと感じている。

二〇二三年五月、中央教育審議会第一二期大学分科会がスタートし、今後の高等教育のあり方をめぐる議論が再び重ねられている。少子化や技術革新、グローバル化などの変化に鑑みれば、大学教育改革は今後も続き、おそらく終わることはないといえるだろう。また、各大学でも独自の取り組みが検討され、試みられている。ただし、その行き先を示す手がかりが十分に整っているとはいえない。本書が、大学教育を考えるうえでの新たな道標になることを願ってやまない。

本書は科学研究費補助金基盤研究（B）「現代日本における『大学生の学習行動』に関する総合的研究」（代表者・濱中淳子、二〇二〇～二〇二三年度、研究課題/領域番号・20H01647）の成果をまとめたものである。

目　次

第2章　展望に縛られる――中堅大学における学び……（山内乾史・葛城浩一）　73

序　章　大学生の学びを問い直す

濱中淳子

日本の大学は教育改革の渦中にある。いや、長らく渦中に滞留しているといったほうが良いだろう。いまに続く改革はすでに三十数年も前、一九九〇年代初頭にはじまった。多方面からのアプローチが試みられたが、振り返れば、大きな穴があるものだったように思われてならない。すなわち、学生の学びや成長の理解が不十分であり、大事な観点が抜け落ちている。改革の方向性に問題がありながら、「なしくずしの政策追随に陥る大学」（広田 2019）と揶揄される状況に入り込み、手応えを感じることもできない。渦のなかからどのように出ればいいのか見通しをたてることができずに現在に至っているように見受けられる。

では、抜け落ちている点とは何か。現代の学生の学びや成長のどのような側面に留意すべきなのか。本書の目的は、これらの問いを中心に据えながら、大学教育改革のありようについて新しい切り口から考察を加えるところにある。

以下、これまでの大学教育改革の特徴を振り返り、現在地を確かめるところから議論をはじめたいと思う。

1．大学教育改革の経緯

　終戦後の混乱のなか発足した新制大学は、時代によって異なる顔をみせてきた。一九六〇年代は大学闘争の時代であり、政治的事柄や大学の管理運営、学費値上げへの反発を背景にした学生紛争が頻発していた。一九八〇年代になると、大学はレジャーランドと呼ばれるようになった。学生たちはサークル活動やアルバイトに勤しみ、大学教員はこうした状況を横目に自らの研究を重視する時間を過ごしていた。

　そして一九九〇年代になると、大学は改革の場へと変貌した。マス化やグローバル化、技術革新などのメガトレンドが改革の背景として挙げられるが、教育行政学者の市川昭午によれば、より直接的な要因となったのは、「少子化」「新自由主義」「経済不況」の三つである（市川 2003）。青少年の人口減少によって大学を中心とする高等教育の需給関係は逆転し、成長産業が斜陽産業になる。至急なんらかの対策を練らなければばならない。他方で政府の新自由主義的な構造改革政策は高等教育にも及び、一九九〇年代半ば以降には財政の逼迫や家計の窮迫により財源調達が難しくなるという事情も付け加わった。厳しい情勢のなか、大学も変わる必要がある。変わってもらわなければならない。産業界や内閣府などの政府中枢が、大学改革への圧をかけはじめるようになったのである。

　では、具体的に何がどのように求められたのか。大学をはじめとする高等教育は文部科学省の所管に属しており、文部科学省内に設置される審議会の答申や審議のまとめが政策のベースとなる。一九九〇年代以降、方向性を定める主な舞台になったのは、高等教育の基本的なあり方を審議するために設置された大学審議会（一九八七〜二〇〇一年）とその役割を引き継いだ中央教育審議会大学分科会（二〇〇一年〜）だった。大学経営や大学院など多方面にわたる改革が試みられたが、ここで学部教育をめぐる改革に焦点をあてれば、およそ図表序－1に示すような流れで進展したといえる。

一目瞭然、かなりの量だが、ここでおさえておきたいのは、二〇〇〇年代半ば以前とそれ以降で、変化への要求の色合いが変わったことである。

まず、変化への要求は、教育内容や方法の側面からはじまった。大学設置基準の大綱化による一般教育と専門教育との区分を撤廃したあと、カリキュラムの見直しが進められた。「授業計画（シラバス）」「ティーチング・アシスタント（TA）」「少人数・双方向の教育」「セメスター制、クォーター制」「オフィスアワー」「履修科目数の上限設定」「GPA」など、教育の質向上につながる方法が多数提案され、導入された。そしてこれら内容と方法の改善、向上を進展するため、ファカルティ・ディベロップメント（FD）の実施も、改革初期から求められている。

ところが二〇〇〇年代半ば以降、改革の論じ方に変化が生じる。改革初期において示される提言は「教育する側」の変化を強く求めるものだったが、一転して学生の学習（学修）を意識した切り口からの議論が展開されるようになる（なお、本書では授業に関連する学習を原則「学修」と表記するが、引用元が「学習」を使っている場合はそのままにしている）。「教育する側」から「教育される側」に軸足が移ったということもできるだろう。

より具体的には、中央教育審議会二〇〇八年答申「学士課程教育の構築に向けて」がターニングポ

		✓ 学部・学科等の組織に着目した整理から、学位プログラム中心へと考えを再整理する必要性。 ✓ 単位制度の実質化。　など
2008	中央教育審議会答申「学士課程教育の構築に向けて」	✓ 「何を教えるか」から「何ができるようになるか」へ。 ✓ 三つのポリシー（AP、CP、DP）の重要性の提起。 ✓ 学士課程共通の学習成果を「学士力」として提示。 ✓ 教育課程の体系化・構造化（科目コードの付記）の必要性。 ✓ シラバス、セメスター制、キャップ制、GPA等による単位制度の実質化。 ✓ 学習参加型授業、インターンシップ等の実施、TAや情報通信技術の活用による教育方法改善。 ✓ GPAの基準を共有、厳格に適用することで、成績評価基準を明確化。学習ポートフォリオの導入検討。 ✓ 初年次教育の導入・充実。 ✓ 学習成果や学習プロセスに関するアセスメント活動の必要性。 ✓ 分野別質保証の審議の必要性。　など
2012	中央教育審議会答申「新たな未来を築くための大学教育の質的転換に向けて」	✓ 能動的学修（アクティブ・ラーニング）への転換。 ✓ 主体的な学修時間の増加・確保の必要性。 ✓ 主体的な学修のためのシラバスの充実。 ✓ 授業科目ナンバリングによる教育課程の体系化。 ✓ 授業科目編成を教員中心から学位プログラム中心へ。 ✓ 学位プログラム共通の考え方や尺度（アセスメント・ポリシー）で学修成果を評価し、プログラムを改善。 ✓ 大学教育の改革サイクルが機能する全学的な教学マネジメントの確立。 ✓ 授業科目の整理・統合。　など
2014	中央教育審議会答申「新しい時代にふさわしい高大接続の実現に向けた高等学校教育、大学教育、大学入学者選抜の一体的改革について」	✓ APに基づく選抜。 ✓ 学力の三要素を踏まえた多面的な入学者選抜。 ✓ アクティブ・ラーニングへの転換。 ✓ 全学的なカリキュラム・マネジメントの確立（科目ナンバリングの導入、教育課程の体系化・構造化）。 ✓ 三つのポリシー（AP、CP、DP）策定の法令化の検討。 ✓ アセスメント・ポリシーを確立し、学修成果の評価方法を開発・実践。など
2018	中央教育審議会答申「2040年に向けた高等教育のグランドデザイン」	✓ 学修者本位の教育への転換。 ✓ 多様な学生の受け入れ（社会人、留学生など）、多様な教員（実務家教員など）の登用。 ✓ 文理横断的なカリキュラムの必要性。 ✓ 全学的な教学マネジメントの確立、学修成果の可視化と情報公表の促進。 ✓ 教育の質保証システムの確立に向けた、大学設置基準等の見直し検討。 ✓ 国公私立の枠組みを超えた連携の推進。 ✓ 新しい資金循環メカニズムの構築。　など

2020「教学マネジメント指針」とりまとめ（中央教育審議会大学分科会）
学修者本位の教育の実現を図るための教育改善に取り組みつつ、社会に対する説明責任を果たしていく大学運営＝「教学マネジメントがシステムとして確立した大学運営」の在り方を示したもの。

出典：各答申ならびにとりまとめに基づき筆者が作成。

1．大学教育改革の経緯

図表序－1　学部教育改革の内容整理

年	土台となった答申	内　容
1991	大学審議会答申「大学教育の改善について」	✓　大学設置基準の大綱化。 ✓　授業科目区分（一般教育、専門教育等）の廃止。 ✓　教授内容・方法の改善・向上への取り組み（ファカルティ・ディベロップメント：FD）の積極的な推進。 ✓　授業計画（シラバス）の作成・公開。 ✓　ゼミナール形式の授業、ティーチング・アシスタント（TA）の活用等による双方向的授業の重視。 ✓　単位制（1単位標準45時間の学修）を前提とし、授業時間数の時間規定を柔軟化。 ✓　カリキュラムの体系性の重視。 ✓　自己点検・評価システムの導入（努力規定）。　など
1997	大学審議会答申「高等教育の一層の改善について」	✓　各大学の位置づけを明確化（研究志向の大学、地域社会に生涯学習機会を提供する大学など）。 ✓　大学卒業条件とする知識・能力を明確にし、授業科目やカリキュラムを検討。 ✓　少人数・双方向の教育、実験・実習、フィールドワーク、ディベートなどの工夫により学習効果を向上。 ✓　セメスター制、クォーター制の導入検討。 ✓　シラバスの作成と内容の充実（事後学習等の指示）。 ✓　オフィスアワー、TA、履修科目数の上限設定の検討。 ✓　FDの組織的推進。 ✓　自己点検・評価体制の確立、第三者評価の導入検討。　など
1998	大学審議会答申「21世紀の大学像と今後の改革方策について」	✓　教員の研究重視の姿勢を改め、教育活動への責任意識向上の必要性。 ✓　教養教育の重視、専門教育の見直し。 ✓　単位制度（1単位45時間）の実質化。シラバスに授業外学習を明示。 ✓　セメスター制の導入促進。 ✓　GPA導入、厳格な成績評価により質を確保。 ✓　履修のモデルコース提示、履修指導教員の配置検討。 ✓　FD実施について大学設置基準での規定の必要性。 ✓　自己点検・評価や学生の授業評価等により、大学および教員の教育活動を評価。　など
2000	大学審議会答申「グローバル化時代に求められる高等教育の在り方について」	✓　少人数教育、オフィスアワー、TAを活用したきめ細やかな学習指導。 ✓　大学教育課程内でのキャリア教育の実施。 ✓　FDの推進。 ✓　自己点検・評価を、教育改善につなげる仕組みの整備。 ✓　教育の質の向上のための評価体制の整備・確立。 ✓　国際的に通用する単位累積加算制度の検討。　など
2005	中央教育審議会答申「我が国の高等教育の将来像」	✓　計画・規制から、将来像の提示と政策誘導へ。 ✓　機能別分化（7類型）による大学の個性・特色の明確化。 ✓　三つのポリシー（アドミッション・ポリシー：AP、カリキュラム・ポリシー：CP、ディプロマ・ポリシー：DP）の策定。 ✓　DPによる出口管理強化。 ✓　設置許可（事前評価）と認証評価（事後評価）による質の保証。 ✓　FDとスタッフ・ディベロップメント（SD）の実施。 ✓　主専攻・副専攻制やジョイント・ディグリーの導入検討。

図表序-2　学士力

1．知識・理解

専攻する特定の学問分野における基本的な知識を体系的に理解するとともに、その知識体系の意味と自己の存在を歴史・社会・自然と関連付けて理解する。

（1）多文化・異文化に関する知識の理解

（2）人類の文化、社会と自然に関する知識の理解

2．汎用的技能

知的活動でも職業生活や社会生活でも必要な技能

（1）コミュニケーション・スキル：日本語と特定の外国語を用いて、読み、書き、聞き、話すことができる。

（2）数量的スキル：自然や社会的事象について、シンボルを活用して分析し、理解し、表現することができる。

（3）情報リテラシー：情報通信技術（ＩＣＴ）を用いて、多様な情報を収集・分析して適正に判断し、モラルに則って効果的に活用することができる。

（4）論理的思考力：情報や知識を複眼的、論理的に分析し、表現できる。

（5）問題解決力：問題を発見し、解決に必要な情報を収集・分析・整理し、その問題を確実に解決できる。

3．態度・志向性

（1）自己管理力：自らを律して行動できる。

（2）チームワーク、リーダーシップ：他者と協調・協働して行動できる。また、他者に方向性を示し、目標の実現のために動員できる。

（3）倫理観：自己の良心と社会の規範やルールに従って行動できる。

（4）市民としての社会的責任：社会の一員としての意識を持ち、義務と権利を適正に行使しつつ、社会の発展のために積極的に関与できる。

（5）生涯学習力：卒業後も自律・自立して学習できる。

4．統合的な学習経験と創造的思考力

これまでに獲得した知識・技能・態度等を総合的に活用し、自らが立てた新たな課題にそれらを適用し、その課題を解決する能力

出典：中央教育審議会答申「学士課程教育の構築に向けて」(2008年）に基づき筆者作成。

イントになった。グローバル化のなかで、国際的に大学教育改革は「何を教えるか」から「何ができるようになるか」にシフトしていることが確認され、大学教育を通して獲得させるべき力である「学士力」が定義され（図表序－2）、学習成果を保証するための施策が提示された。その後、能動的な学習を意味するアクティブ・ラーニングへの転換、学修時間の増加・確保という課題も加えて主張されるようになる。

高等教育研究者のなかには、Tagg（2003）等の議論を踏まえ、以上の変化を「教育パラダイム（もしくは教授パラダイム）から学習パラダイムへの転換」と紹介するものもいる（小方 2008、川嶋 2009など）。一九九〇年代以降の三十年余りは、学生の学びや成長をいかに向上させるか、大学教育をいかに実質化させるかという課題に、視角を変えながら向き合ってきた期間だったと位置づけることができる。

2．改革への研究者の寄与

ただ、二〇〇〇年代半ばに変わったのは、切り口やパラダイムだけではない。審議会の議論や参照されている資料にまで踏み込めば、何が答申に影響を与えていたのかという点でも変化があったことが読み取れる。

まず、改革初期については、提唱された用語の多くが「シラバス」などカタカナ語であることからうかがえるように、米国の大学が参照されていた。米国の大学は、教育のためのさまざまな小道具が整備されており（中山 1994，苅谷 2012，杉谷 2018 など），だからこそ教育が機能している。日本の大学も小道具をそろえれば，教育の質は高まるのではないか――こうした考えが改革の根底にあった。とりわけ「シラバス」「ティーチング・アシスタント」「オフィス・アワー」は，三種の神器ならぬ「三種の小道具」と呼ばれ，華々しく導入された（川嶋 2018）。

対して二〇〇〇年代半ば以降に参照される場面が増えたのは，研究者による指摘である。政策の場で「エビデンスに基づく政策（EBP = Evidence Based Policy）」という用語が飛び交うようになったことがこうした変化を後押ししたと捉えられるが，二〇〇〇年代になってようやく改革論議の場で参照できるような実証データが揃いはじめたという事情もあったように思われる。研究者による調査分析はさまざまなところで行われていたが，改革論議の文脈で注目しておくべきものを挙げるとすれば，次の三つになろう。

第一は，高等教育研究を専門とする金子元久らによる研究である。金子は，大学生の学びを検証するための調査に多数関わってきた。とくに注目すべきは，科学研究費補助金（学術創成研究費，二〇〇五－二〇〇九年）で行った大規模調査である。金子自身が代表者を務める研究グループによって，大学生に対する大規模調査（「大学生調査」），関連して「高校生追跡調査」「大卒職業人調査」「人事担当者調査」「大学教員調査」など，のべ約九万人を対象とする調査が実施された。

この研究グループがとりわけ注力したのは，「授業に関連する学習時間」を指標にした学生の自律的な学習をめぐる分析である。知識，汎用能力，そして自己認識という三つの要素の動的な相互関係が学習と職業における連続的成長を結びつけるカギとなり，それを支えるのが自律的な学習であること、しかしながら日本の学生の自律的学習時間は圧倒的に短く、組織的な学習サポートや授業改善が求められることなどが主張された（金子 2013 など）。その議論や提言は、二〇一二年の中央教育審議会答申「新たな未来を築くための大学教育の質的転換に向けて」で引用されることになる。

第二は、発達心理学者であり、高等教育のありようにも強い関心を寄せる溝上慎一を中心とする研究グループの取り組みである。溝上は学校法人河合塾と共同で、二〇一三年より全国四〇〇校、四・五万人の高校二年生を約一〇年間追跡する「学校と社会をつなぐ調査（一〇年トランジション調査）」を実施した。成果は区切りとなるタイミングでその都度発表され（溝上ほか 2015、2018、2023）、大学時代における資質・能力の成長には限界があること、中高時代に自分のキャリアを考えていることが大学での学びにプラスの影響を与えること、自分の頭のなかにある思考を外に出す「アクティブラーニング（AL）外化」が初期キャリアを豊かにすることなどが明らかにされている。

溝上らが主張する「アクティブラーニング」と答申にある「アクティブ・ラーニング」は、厳密には同じものではない。前者が学校から社会へのトランジションの文脈で必要性を唱えるのに対し、後者は技能・態度（能力）を育てる手法としてその必要性を説いている。また、前者は活動への参加とともに認知プロセスの外化を必要とするのに対し、後者は活動への参加に焦点をあてている。ただ、こうした違いはあったとしても、溝上自身、長らく中央教育審議会の議論に関わっていたなど、政策形成の場で研究成果が参照されていたことは容易に推察される。

第三は、金子と同じく高等教育研究者である山田礼子を中心とする研究グループの成果である。このグループは、UCLA（カリフォルニア大学ロサンゼルス校）で実施されていた大学生調査をモデルとした、継続的かつ大規模な、国際比較も可能にするアンケート調査を手掛けている。二〇〇四年に試行調査、二〇〇五年から本調査ＪＣＳＳ（Japanese College Student Survey）、二〇〇八年からは日本版新入生調査ＪＦＳ（Japanese Freshman Survey）ならびに、短大生調査ＪＪＣＳＳ（Japanese Junior College Student Survey）を実施した。収集されたデータは、ＵＣＬＡの心理学者であるアスティン（Astin, A.W.）が提唱するＩ－Ｅ－Ｏモデル（入学前情報「Ｉ」、学習環境「Ｅ」の二つから学習成果「Ｏ」を捉えるモデル）をベースに分析され、入学前情報を統制してもなお、教員の関与という学習環境によって学習成果は向上することが明らかにされている（山田編 2009など）。こうした山田らの研究は、改革で必要性が訴えられている大学ＩＲ（Institute Research）を意識したものとなっており、実際に事業化するなど、ＩＲ界に大きなインパクトを与えている。

3．本書の分析視角とデータ

おさえておくべきは、金子も溝上も山田も、学生の学びの実態を因果関係の枠組みで捉えようとしていることである。因果の解明は、効果的な施策の提示や特定につながる。「こうした働きかけこそが、学生の学びを豊かにする」というストーリーが構築されるため、改革の道筋が立てやすくなるのだ。社会工学者であり、教育政策に鋭いまなざしを向けてきた矢野眞和の指摘をひけば、「分布を動かさない、効果がないにもかかわらず、あたかも効果があるかのようにいわれる施策を排除することは、社会科学の最低限の研究作法である」（矢野 2016）。多様に展開している改革策の何が重要で、何が重要でないのか。どのような教育のありようが、どのような学修をもたらすのか。こうした問いに科学的に接近する実証研究の意義は、いくら強調してもしすぎることはない。

しかし、である。ここで本章の冒頭に戻れば、私たちが本書をスタートさせたのは次のくだりからだった。

日本の大学は教育改革の渦中にある。いや、長らく渦中に滞留しているといったほうが良いだろう。いまに続く改革はすでに三十数年も前、一九九〇年代初頭にはじまった。多方面からのアプローチが試みられたが、振り返れば、大きな穴があるものだったように思われてならない。すなわち、学生の学びや成長の理解が不十分であり、大事な観点が抜け落ちている。改革の方向性に問題がありながら、「なしくずしの政策追随に陥る大学」（広田 2019）と揶揄される状況に入り込み、手応えを感じることもできない。渦のなかからどのように出ればいいのか見通しをたてることができずに現在に至っているように見受けられる。

では、抜け落ちている点とは何か。現代の学生の学びや成長のどのような側面に留意すべきなのか。本書の目的は、これらの問いを中心に据えながら、大学教育改革のありようについて新しい切り口から考察を加えるところにある。

改革論議の場で参照され、意義深い調査研究が蓄積されているというのに、何が不十分だというのか。いよいよ本書の軸となるこの説明に入っていきたいが、この点を金子、溝上、山田らによる取り組みの限界という切り口から言及すれば、次のように整理することができると考えられる。

3.1　先行研究の限界

限界1

第一は、アンケート調査という手法を用いていることに起因する限界である。

アンケート調査は、研究者が調査票を作成し、対象者に回答してもらい（選択肢を選択してもらい）、回答データを入力、基本的に数値データとして分析するという流れをとる。複雑な社会現象を単純化したうえで描写するには効果的な手法だが、以下の留意点を伴う。

まず、分析に用いる要素は、調査をする側が大事だと判断し、事前に調査票に設定されたもののみになる。インタビュー調査であれば、調査協力者から想定外の要素が語られたとき、その場で調査内容をアレンジすることができるし、次の聞きとりにその要素を反映することもできる。しかし、アンケート調査では、そのような柔軟な軌道修正は難しい。とくに調査をする側とされる側とのあいだに、世代や立場などに距離やギャップがある場合、重要な変数を見落としたまま分析を進めてしまう危険性は小さくない。この点は以上の先行研究にもあてはまるといえる。

また、学生の現状分析となれば、かれらが何を考えて大学に入学し、そこでの学びにどのような期待を抱き、あるいは失望し、何を経験し、どのような成長を遂げ、あるいは遂げなかったのかというリアルなプロセスの描写も必要になろうが、アンケート調査では、手法の性質上、それが容易ではない。仔細なプロセスの描写には質的調査が適しており、その取り組みが待たれる状況がいまだ続いている。

限界2

第二は、停滞や後ろ向きの状況を改善させる要因を抽出するというアプローチによる限界である。金子、溝上、そして山田らはいずれも大規模なアンケート調査を行い、次のような視点を主軸にした分析を行っている。つまり、学びに意欲的な学生とそうではない学生を分かつ要因は何か。○○力がある学生と乏しい学生とを分かつ要因は何か。自己評価が高い学生と低い学生を分かつ要因は何か。こうした分析結果は、とりわけ正課への取り組みを促すため、そして学生が成長するために大学ができることを示すインプリケーションの抽出につながる。

いずれも出発点として重要なアプローチだが、他方で「学びや成長に意欲的な学生」に焦点をあて、かれらがどのような経験を積んでいるのかという点についての検証も同様に必要だと思われる。というのは、意欲的な学生が直面した／している葛藤や成長の障壁にこそ、実は大学教育問題の本質があるとも考えられるからだ。改革がうまくいったとし、学生たちが正課にエネルギーを注ぐようになったとき、そこで繰り広げられる光景がどのようなものか。「意欲的に学ぶために必要なものは何か」ではなく、「意欲的に学ぶ学生にとって意義深い時間を作り出すために必要な要因は何か」。これは、改革の先を見込んだ問いとして位置づけられる。

限界3

第三に、大学教育ならではの特徴を組み込んだ分析になっていないことが挙げられる。

検討するのは、大学に通う学生の学びである。そして大学という場については、初等中等教育とは異なる特徴があることがしばしば指摘されてきた。たとえば、教育哲学・大学教育学の研究者である田中毎実は、論稿「大学教育学とは何か」のなかで、大学教育の特徴のひとつとして「教育によって伝達されるべき知識は、できあいの所与ではなく研究による生成途上にある」ため、「カリキュラムをできあいの知識の体系として整序することもむつかしい」ことを挙げている（田中 2003）。

ここで先行する三つの調査研究を振り返れば、田中がいう特徴への配慮が不十分であることが指摘されよう。すなわち、自律的な学習時間やアクティブラーニング（ＡＬ）外化、教員の関与などがキーワードとなることが示されてきたが、これらがどのような知識を扱ったものとして捉えられているのかが明確にされているわけではない。できあいの所与の知識を扱った学びなのか、それとも生成途上の知識を扱った研究のような学びなのか、その点の区別がなされないままの議論となっており、もし、田中のいう大学教育の特徴に踏み込んだ理解を目指すのであれば、別途吟味する必要があると考えられる。

＊　＊　＊

さて、ここで本書の目的について別の角度から言い換えれば、上記三つの限界を意識した調査を実施、分析することを通して、現代における学生（学部生）の学びや成長の実態について新しい知見を提示することにある。

土台となっているのは、科学研究費補助金基盤研究（B）「現代日本における「大学生の学習行動」に関する総合的研究」（代表：濱中淳子、二〇二〇〜二〇二三年度）である。代表者である濱中淳子、そして葛城浩一、吉田文、山内乾史、大多和直樹、武藤浩子は教育社会学を専門とし、各々が大学を含む教育問題を扱ってきた。その経験を持ち寄り、議論を展開したうえで、次の調査分析を企画し、まとめたのが本書になる。

3.2　調査概要

先行する調査研究の限界を意識し、私たちが選んだのは「インタビュー調査」である。いまの学生はどのように学び、キャンパスでどう成長しているのか。そこに授業や教員はどう関わっているのか。こうした学生たちの語りを丁寧に集め、学習行動の内実と、それを支えるために必要な条件を炙り出すことにした。

具体的な調査設計にあたり、私たちは、まず、専門領域をどうするか、という点について時間をかけて議論した。インタビュー調査であれば、ひとりあたりおよそ二時間、対象者によってはそれ以上の聞き取りを行うことになる。ひとりから得られる情報量は膨大でありながら、逆に調査対象者の数は限られる。分析が散漫にならないために、専門領域に一定程度の制限をかけたいと考えた。

結果として私たちが焦点をあてたのは「社会科学系」である。理由は大きく三つある。

第一は、日本の学部教育でもっとも大きなシェアを占めるのが社会科学系であるということだ。文部科学省『学校基本調査報告書』は、関係学科別の学部生分布を、人文科学、社会科学、理学、工学、農学、保健、商船、家政、教育、芸術、その他の計一一領域に分けて整理している。図表序－3に私たちのプロジェクトがはじまった二〇二〇年度の分布を示したが、社会科学系は三二％であり、その比率は圧倒的に大きい。

第二は、文部科学省国立教育政策研究所「大学生の学習実態に関する調査研究について（概要）」（二〇一六年三月）によれば、二〇一四年の全国調査の結果、授業の予習・復習等の時間（一～二年生）がもっとも少なかったのが社会科学系だという理由による。一週間あたり五時間以下という学生の比率をいくつか紹介すれば、「医・歯・薬」四九・八％、「理・工・農」五四・四％であるのに対し、「社会科学系」のその値は七九・八％にものぼる。学部教育問題には少なからず社会科学系問題という側面がある。

以上二つが社会科学系を選んだおもな理由だが、それだけではない。

近年、政府や経済界・産業界から「総合知」という用語が噴出するようになった。イノベーション創出や社会課題解決に向け、分野を超えた知を融合することが重要だという判断による。ただ、そのロジックは理解できるにしても、重要だからといわれて簡単に融合できるというものでもないだろう。各専門分野にはそれぞれカリキュラムの特徴、学び方、思考法といったものがあるからだ。誤解を恐れずにいえば、これまでイノベーションは理系分野が担ってきたところがある。その理系分野の関係者、そして「総合知」を期待している政府や経済界・産業界の関係者、大学関係者に、社会科学系の学びの現状を知ってもらうことは、大学教育改革とは異なる文脈で重要なのではないか。そのように

図表序－３　関係学科別にみた大学生の分布

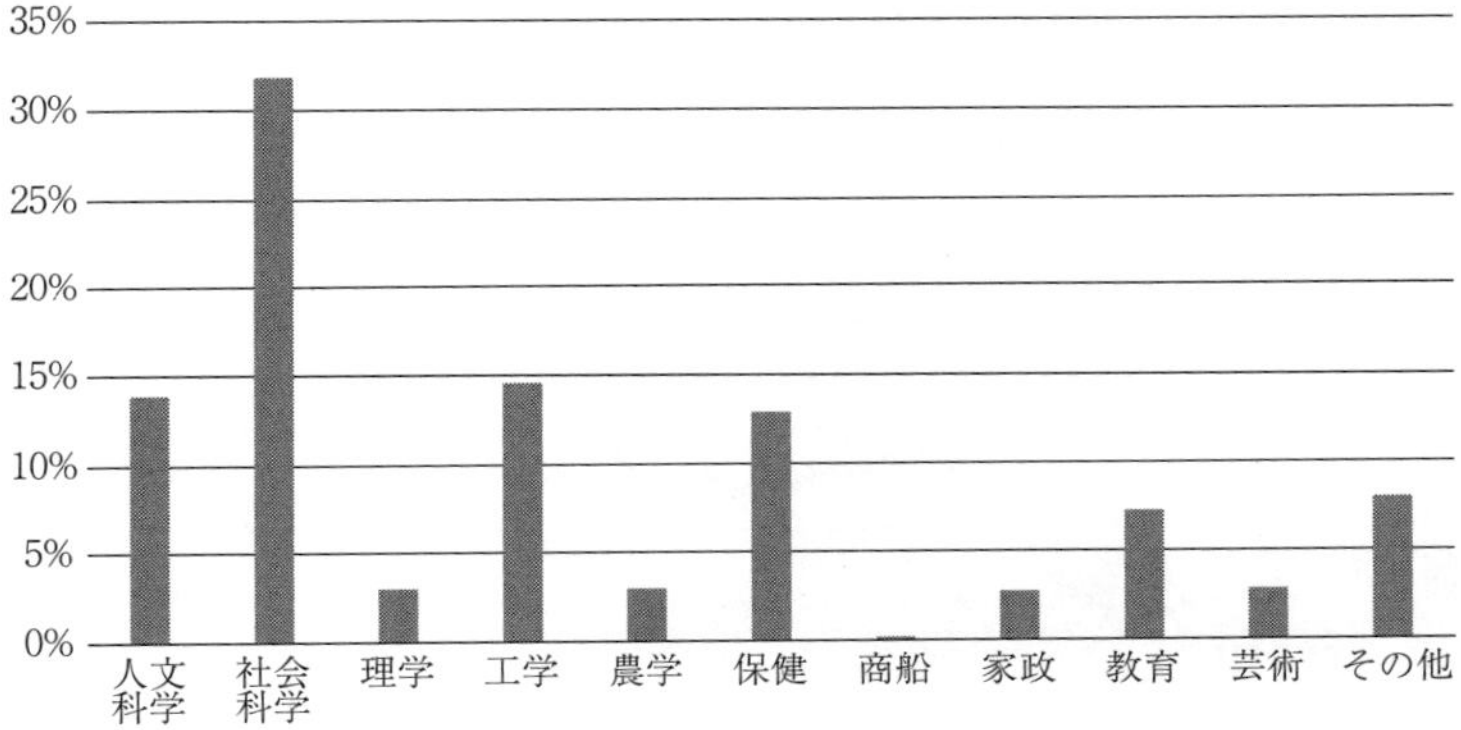

出典：『学校基本調査報告書』2020年度版に基づき筆者作成。

考えたのが第三の理由である。

さて、対象領域が決まれば、次に考えなければならないのは、どのようなタイプの大学に通う学生にインタビュー調査を実施するかという点である。

図表序－４に示すように大学進学率はいまや六割ほどとなり、プロジェクト開始時点（二〇二〇年度現在）、大学数は七九五にのぼっていた。これらの大学は設置者（国立・公立・私立）や威信、入学難易度といった点で多様であり、特定の機関タイプに焦点をあてた議論をするという選択肢もあり得ただろう。

しかし他方で、広く調査をすることがタイプ間の比較を可能にし、それが探究の深化につながることもある。そこで私たちは、社会科学系の理解を深めるために多様な機関タイプでの調査を試みることにした。具体的に設定したのは、日本の高等教育の裾野に位置するノンエリート大学、地方に位置し、地元では名前が知れている中～小規模な中堅大学、いわゆる序列のトップに位置づくエリート大学、そして社会人経験のある学生を多く有する放送大学の四つ

図表序－４　大学進学率の推移

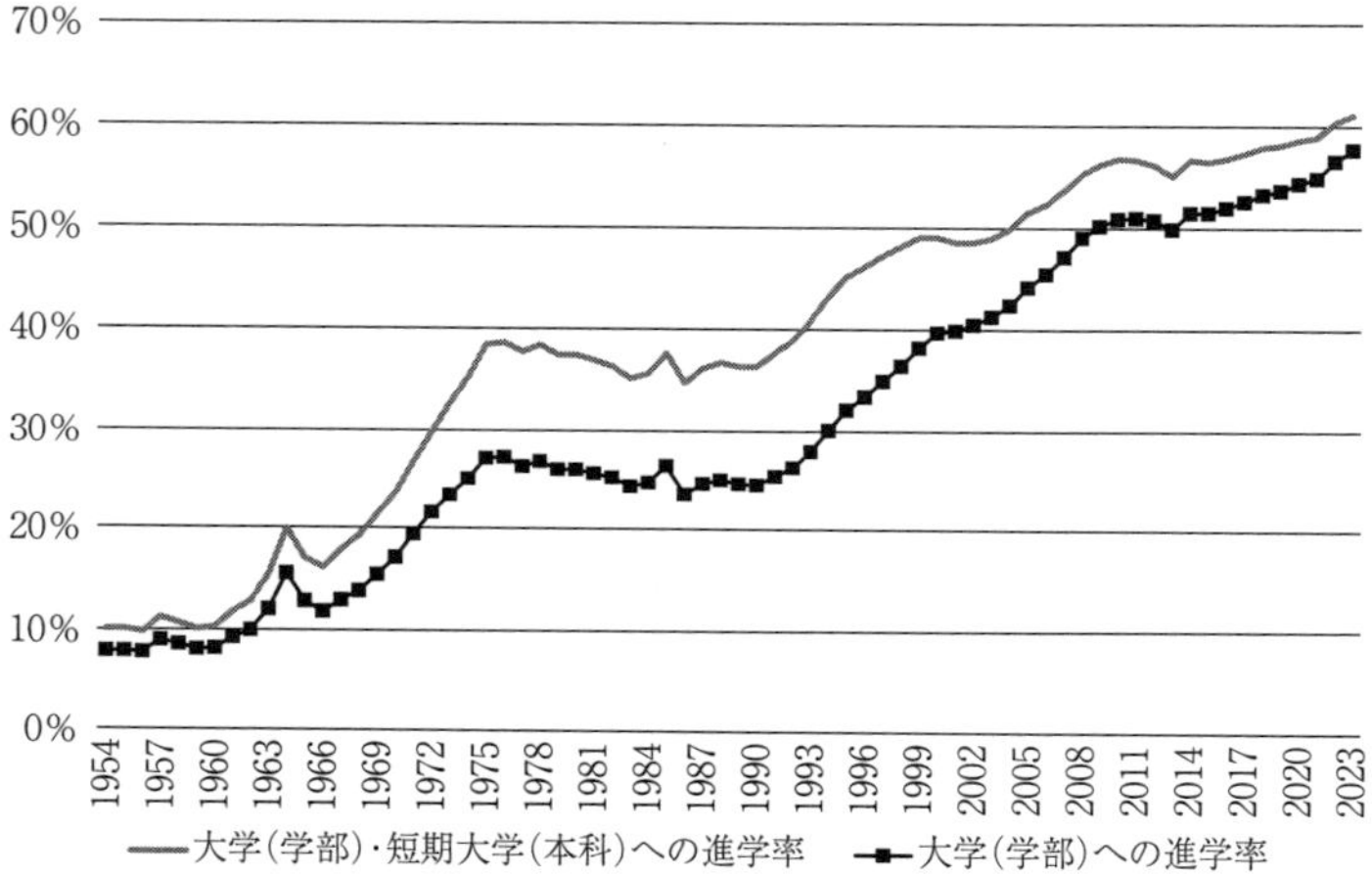

出典：『学校基本調査報告書』各年度版に基づき筆者作成。

の機関タイプである。各機関タイプの学生にインタビュー調査を実施し、比較しながら検討を加えることにした。

図表序－５に調査概要を示した。[1] N大学、M１大学、M２大学、E大学はいずれも私立大学である。対象者は、学生時代のトータルの学び・成長についてのデータを集めるという観点から、四年生を中心に選定した。調査では、大学進学前の状況、進路選択、大学入学直後の状況、現在までの正課や課外活動への取り組み、理想とするカリキュラム等、各学生に一・五～三時間の聞き取りを試みた。[2]

なお、本書の柱をなすのは以上のインタビュー調査だが、別途二つの調査も活用していることを付記しておきたい。

ひとつはアンケート調査である。インタビュー調査が終わり、分析を進めるなかで、私たちは各機関タイプの特徴を量的データで確かめるための

図表序－5 調査の概要

	機関タイプ	所在地	調査期間	対象者数
N大学	ノンエリート大学	関西	2021 ～ 2022 年度	18 名
M1 大学	中堅大学	関西	2022 年度	8 名
M2 大学		関西	2022 年度	8 名
E大学	エリート大学	関東	2020 ～ 2022 年度	34 名
放送大学		関東	2021 ～ 2022 年度	18 名

注：人数は社会科学系の学生のみについて記してあり（ノンエリート大学、中堅大学、エリート大学）、いずれも4年生中心、1.5 ～ 3 時間の調査。

アンケート調査を行った。二〇二三年一〇月のことであり、早稲田大学教育総合研究所のプロジェクトとして実施している。対象は社会科学系三～四年生および新卒三年までの社会人であり、九二七人の回答を得た。プリミティブな設計で、複雑な分析に耐えうるものではないが、本書の議論を助けるデータも得られており、適宜活用している。

いまひとつは、米国訪問調査である。上述したように、一九九〇年代からはじまった大学教育改革のモデルとなったのは米国だった。さまざまな小道具、考え方を導入したわけだが、果たして実際の米国の大学教育はどうなのか。二〇二二年一二月に米国カリフォルニア大学バークレー校を訪問し、五人の教員と三人の学生にインタビュー調査を行った。いずれも私たちが抱く米国大学教育像に反省をせまるものであり、また、大学教育を成立させる条件を考える際の手がかりとして用いている。

3.3　分析視角と手順

本書では、以上のデータを用いて、次の枠組みならびに問いを据えて議論を展開する。

まず、議論の下地となる枠組みだが、溝上慎一が二〇〇〇年代半ばに上梓した『大学生の学び・入門——大学での勉強は役に立つ！』（有斐閣アルマ、二〇〇六年）で記した次の指摘を参照した。

大学での勉強が高校までの勉強と違うことは、誰もがいってきたことである。高校までの勉強には正解があるし、試験にこの問題は出る、この問題は出ないといったように、勉強するべき知識量にも制限がある。（中略）

大学での勉強（学問）には、基本的に正解というものはない。もちろん大学での勉強と一口にいっても、基礎から最先端までレベルはさまざまである。基礎の極に向かえば向かうほど正解があり、少なくともこういうふうに考える、理解するという基礎や基本がある。それは「学問」というよりは「勉強」という姿に近く、大学受験までの「勉強」ともかなり似ている。しかし、最先端の極に向かえば向かうほど一律的な答えというものはなくなってきて、いくつかの根拠をもって「こういうふうに見える」「こういうふうに考えられる」となってくるのが一般的である。何を根拠とするかによってある問題や事物の見方や考え方が異なってくるということは、文科系、理科系を問わずにあるのであって、この最先端の極は「勉強」と呼ぶより「学問」と呼ぶにふさわしいものである。……

（溝上 2006：21-22）

そのうえで、作成したのが、図表序‐6の枠組みである。

枠組みのポイントは、次の四点から説明される。

図表序-6　分析枠組み（高校までの学びと大学在学時の学び）

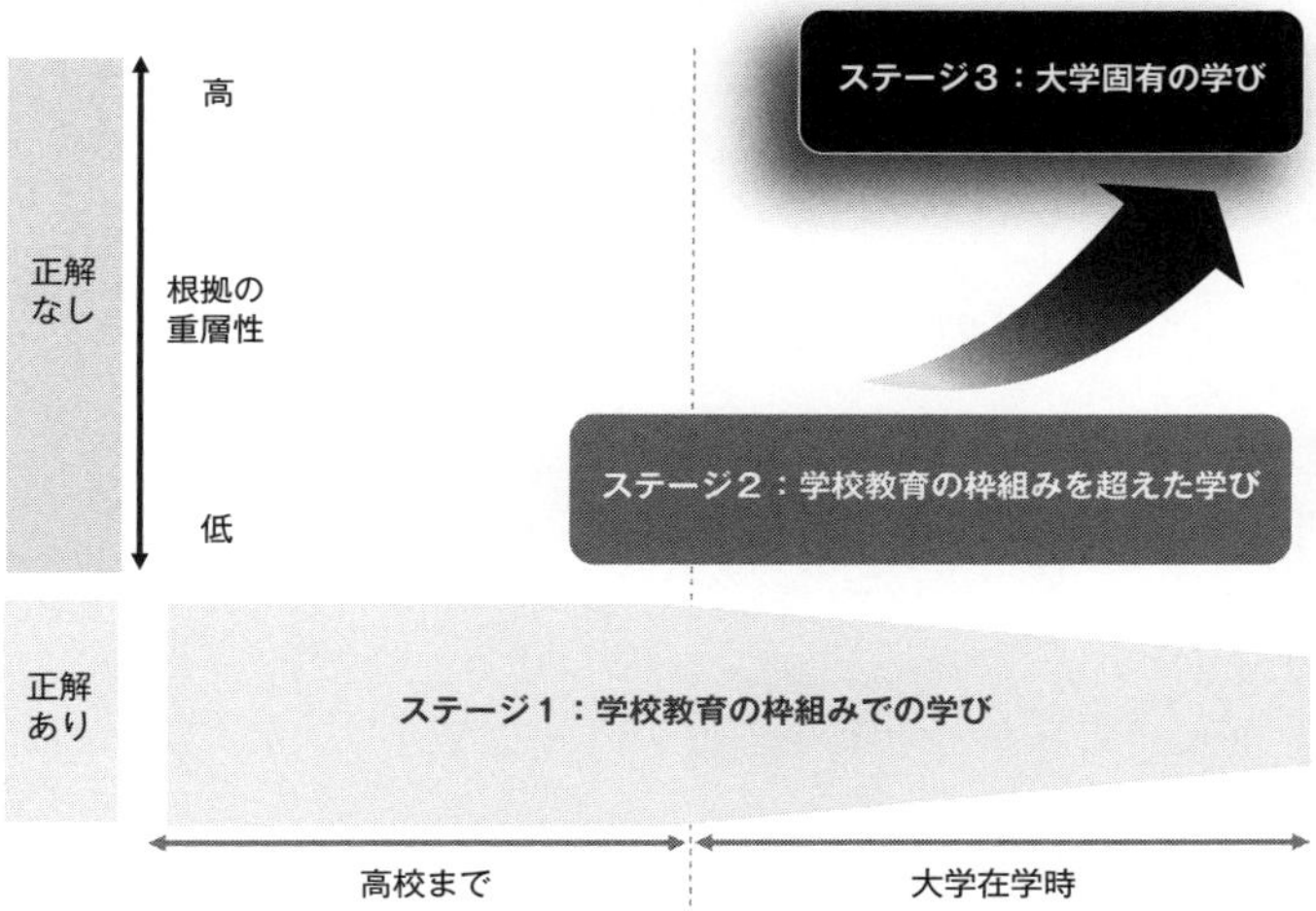

① 高校までの学びは、知識量に制限があるうえ、正解があるものを扱う。教えられたものを習得する。これを〈学校教育の枠組みでの学び〉と呼べば、この〈学校教育の枠組みでの学び〉は、大学に入学してからも続く。

② 他方で大学では、それを超える学びを経験する機会が増える。すなわち、正解がない課題についての学びである。

③ ただその学びも、「正解がない課題を扱おうとする」のと、「その課題に対し、いくつかの根拠をもって、自分なりの答えを出せるようになる」とのあいだには距離がある。たとえば、正解がない問いに対し、誰かがすでに抽出している見解をみつけ、それを吟味することなく自分の答えとして提示することもできる。これはいわば「社会科学領域の調べ学習」であり、根拠の重層性は明らかに低い。

④　溝上がいう「いくつかの根拠をもって「こういうふうに見える」「こういうふうに考えられる」となってくる」という学びは、その先を行く営みだと捉えられる。正解のない課題について、根拠の重層性を担保しながら自分なりの答えを導き出す。これを〈大学固有の学び〉と呼べば、大学教育で展開される学びは、〈学校教育の枠組みでの学び〉と〈学校教育の枠組みを超えた学び〉、そして〈大学固有の学び〉の三層構造（ステージ1・ステージ2・ステージ3）で捉えられる。

以上の枠組みを用意したうえで、私たちは本書の直接的な分析対象として、全対象者八六名から、正課に多くのエネルギーを注いでいる学生＝〈学ぶ学生〉を抽出した。三〇年あまりの改革を経たキャンパスにおいて、〈学ぶ学生〉がどのような学習経験を積んでいるのか。機関タイプそれぞれについて特徴的な三名を選び、行ったのは以下の二つの問いをめぐる分析である。

- **正課に多くのエネルギーを注いでいる学生＝〈学ぶ学生〉は、三層構造のどの学びをどのように展開しているのか。**
- **〈大学固有の学び〉まで経験したとすれば、それを可能にした条件は何か。**

これら二つの問いが、先行研究で扱われてこなかった新規のものであることは改めて強調しておきたい。ただ、語られた具体的な学びを〈大学固有の学び〉とみなすのかどうか、また抽出した一二名（四機関タイプ×三名）が〈学ぶ学生〉として適していたのかどうか、その選別にはどうしても悩ましさがつきまとう。私たちなりに検討を重ねたが、どの程度成功しているかは読者の判断を仰ぎたい。

本書は、以下の手順で議論を進める。

本章に続く第1章から第4章では、以上の二つの問いに照らし合わせたときの四つの機関タイプそれぞれの様相を示す。第1章でノンエリート大学（N大学）、第2章で中堅大学（M1大学、M2大学）、第3章でエリート大学（E大学）を扱い、第4章で放送大学を取り上げる。なお、ここでのデータの提示は、個人情報保護のため、仮名を用い、同時に主旨が変わらない程度に発言や状況の一部に変更を加えていることを先に断っておく。そしてこれら四つの機関タイプの描写を踏まえたうえで、終章において、本書の分析に基づいた改革への若干のインプリケーションを提示したい。

なお、本書では、補論として次の二つも掲載している。補論①は、アンケート調査の分析結果であり、長らく企業等に重要な情報とみなされてこなかった「大学の成績」が意味するものをデータから抽出している。補論②は、米国訪問調査の成果であり、実態としての米国の大学教育の姿はどのようなものか、インタビュー調査から得られた情報を整理している。併せて参照されたい。

4．大学生論としての位置づけ

本章の最後に、本書の読み方についていまひとつ言及しておきたい。続く第1章から第4章では〈学ぶ学生〉一二名の四年間（キャンパスライフ）が描かれるが、そこにいまの時代の、しかもこれまで十分に試みられたことがない「大学生論」としての性格を見出すこともできると考えている。

大学生の実像については、これまでも多くの研究者、識者が繰り返し扱ってきた。高等教育研究者であり、二〇一〇年に「リーディングス　日本の高等教育」（全八巻、玉川大学出版部）を企画編集、第三巻『大学生――キャンパスの生態史』の編集も担当した橋本鉱市は、概説部分で書籍累計七〇〇冊以上、論文一万一〇〇〇件以上の大学生論が検索されたと述べている（橋本編 2010）。まさに一大領域だが、その大きな傾向として、次の点が挙げられるように思う。すなわち、「大学生論」には「若者論」という色合いが含まれており、だからこそいつの時代にもみられるような「若者ダメ論」と重なるように「大学生ダメ論」が論じられてきたということだ。

本章で幾度か名前を挙げている溝上慎一は大学生論についてもまとめており、編著『大学生論――戦後大学生論の系譜をふまえて』（ナカニシヤ出版、二〇〇二年）によれば、大学生がダメだといわれるようになったのは、一九五〇年代後半である。戦前の大学生との比較のなかで起きた言説らしいが、その後、ダメ論は語り継がれていくことになる。学問を忘れた大学生、無気力化、不勉強、レジャーランド、サークル活動を謳歌、といった類である。

断っておけば、一見、ダメ論とは異なる位相の大学生論も展開されている。教育社会学者の武内清を中心とする研究グループの成果はその一例である（武内編 2003、2005、武内 2008）。学生たちの高い授業出席率、教員に従順という傾向など、「大学生マジメ論」とでもいうべき傾向が指摘されているが、この傾向については、マジメという言葉で学生の資質への疑問を投げかけているとみなすこともできる。武内自身、「生徒文化の延長としての学生文化」という表現を用いており（武内 2008：8）、いわば「大学生ダメ論」と親和性があるものと捉えることもできる解釈が加えられている。

いずれにしても、私たちは本書を新しい切り口による大学生論として位置づけることもできると考えている。すでに説明したように、取り上げるのは正課にエネルギーを注ぐ学生たちである。学ぶ学生が、何を考え、何に悩み、何を目指し、どのような葛藤を経験したのか。第1章以降で紡ぎだされるのはこうした学生の実像であり、機関タイプによる多様性である。いまだダメ論が主流である大学生論に、新しい視座を提供するものと捉えている。

注

1　なお、放送大学については、領域を問わず、全対象者の数を記載している。放送大学の調査は、社会科学系を学ぶ学生からはじめたのち、対象者から次の学生を紹介してもらうスノーボール・サンプリングにて行っている（第4章参照）。この過程で、社会科学系以外の学生へのインタビューも行うことになったのだが、対象者全体の数を記載したのは、放送大学の対象者の多くがいくつもの領域にわたる学びを展開していたからである。つまり、かつて社会科学領域「も」学んだという学生があまりにも多く、区分が難しかったという事情が関係している。なお、二〇二〇年度からインタビューをはじめたエリート大学では、試行調査という意味も含めて、社会科学系以外の学生にもインタビューを行っていたことを併せて記しておきたい。人文系や理工系の学生合計六名に聞き取りを行っている。

2　調査期間の関係上、インタビュー調査に協力してくれた学生のほとんどが、いずれかのタイミングで、コロナ禍の大学教育（オンライン中心の授業）を経験していることには触れておくべきだろう。とはいえ、語りにみる学びや成長の特徴は、コロナ禍でなかったとしても十分に想定されるものであると私たちは考えている。この点については、今後も引き続き検討していきたい。

文　献

市川昭午（2003）「高等教育システムの変貌」『高等教育研究』第六集、七－二六頁。

小方直幸（2008）「学生のエンゲージメントと大学教育のアウトカム」『高等教育研究』第一一巻、四五‐六四頁。

金子元久（2013）『大学教育の再構築――学生を成長させる大学へ』玉川大学出版部。

苅谷剛彦（2012）『グローバル化時代の大学論1――アメリカの大学・ニッポンの大学――TA、シラバス、授業評価』中公新書ラクレ。

川嶋太津夫（2009）「アウトカム重視の高等教育改革の国際的動向――「学士力」提案の意義と背景」『比較教育学研究』第三八号、一一四‐一三一頁。

川嶋太津夫（2018）「教育改革の四半世紀と学生の変化」ベネッセ教育総合研究所『第3回大学生の学習・生活実態調査報告書』七‐一六頁。

佐藤郁哉編（2018）『50年目の「大学解体」20年後の大学再生――高等教育政策をめぐる知の貧困を越えて』京都大学学術出版会。

杉谷祐美子（2018）「大学教育の大道具・小道具」日本教育社会学会編『教育社会学事典』丸善出版、四七八‐四八一頁。

武内清編（2003）『キャンパスライフの今』玉川大学出版部。

武内清編（2005）『大学とキャンパスライフ』上智大学出版。

武内清（2008）「学生文化の実態と大学教育」『高等教育研究』第一一集、七‐二三頁。

田中毎実（2003）「大学教育学とは何か」京都大学高等教育研究開発推進センター編『大学教育学』培風館。

中山茂（1994）『大学とアメリカ社会――日本人の視点から』朝日新聞社。

橋本鉱市編（2010）『大学生――キャンパスの生態史』玉川大学出版部。

広田照幸（2019）『大学論を組み替える――新たな議論のために』名古屋大学出版会。

溝上慎一編（2002）『大学生論――戦後大学生論の系譜をふまえて』ナカニシヤ出版。

溝上慎一（2006）『大学生の学び・入門――大学での勉強は役に立つ！』有斐閣アルマ。

溝上慎一責任編集、京都大学高等教育研究開発推進センター・河合塾編（2015）『どんな高校生が大学、社会で成長するのか――「学校と社会をつなぐ調査」からわかった伸びる高校生のタイプ』学事出版。

溝上慎一責任編集、京都大学高等教育研究開発推進センター・河合塾編（2018）『高大接続の本質――「学校と社会をつなぐ調査」から見えてきた課題』学事出版。

溝上慎一責任編集、河合塾編（2023）『高校・大学・社会 学びと成長のリアル――「学校と社会をつなぐ調査」10年の軌跡』学事出版。

矢野眞和（2016）「政策の世論を規定しているのは階層ではない」矢野眞和・濱中淳子・小川和孝『教育劣位社会――教育費をめぐる世論の社会学』岩波書店、六六‐九三頁。

山田礼子編（2009）『大学教育を科学する――学生の教育評価の国際比較』東信堂。

Tagg, John (2003) *The Learning Paradigm College*, Anker.

【解説①】 社会科学系のカリキュラム

山内乾史

大学のカリキュラムは概して、三つのタイプに分けられる。田中義郎（1997）、溝上慎一（2006）の分類をもとに述べれば、定食型、カフェテリア型、中華料理型である。

定食型

この型は、たとえば小学校のように、全員が全教科必修であるというような場合に典型的にみられる。とんかつ定食を例に挙げれば、メインのとんかつにご飯、みそ汁、香の物、刻みキャベツなど、全員が一律に同じものを提供されるということになる。もちろん、みそ汁とスープなど、若干の選択はあろうけれども、あくまでもマイナーな選択であって、メインの部分については選択の余地はないというものである。

大学の場合であれば医療系学部や工学部、とくに化学系の学科では、必修科目が多く提供される一方で専門科目においては選択の余地が少なく、定食型にかなり近い構成になる。すなわち、カリキュラムはかなり細部に至るまで、国家（関係省庁）、大学側が決め、学生の自由度は少ないのである。国家試験や資格・免許が関係する場合、つまり専門職養成の学部の場合、タイトになる傾向がみられる。

カフェテリア型

この型の料理はスウェーデンに起源をもち、スモーガスボード（smörgåsbord）とか、バイキング、ビュッフェなどとも呼ばれる。選択科目が多く提供される一方で必修科目は僅少であり、学生の自由度が高いカリキュラムである。日本の社会科学系学部の多くはこの型に属すると考えられる。もちろん、学生間のばらつきも大きくなる。カリキュラムをタイトに構成し、空コマがほとんどないようにする学生もいる一方、最低限しか履修せず、空コマの多い時間割になる学生も存在する。学生が自分のニーズや好みに応じてカスタマイズすることが可能なのである。

学生が資格・免許の取得や国家試験の受験を志望する場合、履修しなければならない必修科目が増え、自由度が低下することになる。逆に、大学での学びと就職とをまったく切り離して考える学生にとっては、自由度は極めて高くなる。

中華料理型

この型は定食型とカフェテリア型の中間に位置する。中央に回転テーブルが取りつけられている円卓を数名で囲んで食事をする場合、料理は個別に注文する場合もあろうが、コース化されていて、店側が料理の内容と運ぶ順番を決めている場合も多い。したがって、カフェテリア型のように学生の自由度が高いということではない。

しかし、定食型のように、融通が利かないわけでもなく、たとえばエビチリが出された場合には甲殻類アレルギーの方は食することはできない。ただしエビチリを食さないが、しかしその代わりにほかの料理、たとえば青椒肉絲（チンジャオロース）を多めにとるなど、特定の料理を忌避するとか、特定の料理の量を好みに応じて調整するとかいった、ある程度の自由は認められる。また自分だけこっそりとコースに含まれない料理、たとえば炒飯を注文する自由もあろう。

つまり、基本は国家（関係省庁）や大学によって決められているのであって、学生が主体的にカリキュラムを決定するカフェテリア型とは異なるが、定食型のようにガチガチに決定されているわけでもなく、学生のニーズや好みに応じて、ある程度は柔軟に対応することが可能なのである。

さて、社会科学系の場合は、たとえば国家公務員試験、地方公務員試験、司法試験等の受験、あるいは教員、公認会計士や税理士、ファイナンシャル・プランナー、社会労務保険士を目指すなど、いくつかの場合を除いてカリキュラムの自由度はかなり高い。つまり、定食型ではないのはもちろんであるが、多くの学生はカフェテリア型で、一部の学生が中華料理型であるのだ。たとえば、社会学系の学部の場合であれば、社会調査士の資格取得を志望する学生は中華料理型に近くなるけれども、ほかの大多数の学生にとってはカフェテリア型に近いといえよう。

参考文献

田中義郎（1997）「カリキュラム改革――理念と現実」清水畏三・井門富二夫編『大学カリキュラムの再編成

——これからの学士教育』玉川大学出版部、二六‐六三頁。

溝上慎一（2006）「カリキュラム概念の整理とカリキュラムを見る視点：アクティブ・ラーニングの検討に向けて」『京都大学高等教育研究』第一二号、一五三‐一六二頁。

＊ 本解説は山内乾史・武寛子著『「学校教育と社会」ノート——教育社会学への誘い（第四版）』（学文社、二〇二四年）の補論に手を加えたものである。

第1章　余白を埋める
――ノンエリート大学における学び

葛城浩一

ノンエリート大学とは何か

本章では、ノンエリート大学に所属する学生（以下、ノンエリート大学生）の学びの実態についてみていきたい。はじめに、ノンエリート大学の定義をしておこう。ここでいうノンエリート大学とは、「エリート大学ではない大学」という意味合いではなく、「エリート大学とは極めて対照的な大学」という意味合いで用いるものである。端的にいえば、入学難易度が（極めて）高いエリート大学とは対照的に、入学難易度が（極めて）低いのがノンエリート大学ということである。その典型が、「ボーダーフリー大学」[1]とも呼ばれる、受験すれば必ず合格するような大学、すなわち、事実上の全入状態にある大学である。ノンエリート大学（ボーダーフリー大学を含む）におおむね相当する定員割れを抱えた大学は、二〇二四年時点で、私立大学全体の六割近くに及んでおり（五九・二％）、経営上の採算ラインの目安とされている定員充足率八〇％を下回る大学は三割を越えている（三〇・四％）。

このような（深刻な）定員割れを抱えた大学の現状に鑑みれば、多くのノンエリート大学では、入試の選抜機能がほとんど働いていないであろうことは容易に推察されよう。そのため、ノンエリート大学には基礎学力や学習習慣、学びの動機づけといった、学習面での問題を（程度差はあれ）抱える学生ばかりが集まっているようなイメージをもちがちであるが、現実はそうではない。ノンエリート大学にそうした学生が多く集まっていることは確かであるが、そこには学習面で比較的優秀な学生も少なからず存在している。このように、とくに学習面での問題の多寡という点での分散が極めて大きいのがノンエリート大学の主たる特徴のひとつである。すなわち、ここにほかのタイプの大学に所属する学生の学びとの違いが如実に表れている可能性は高いと考えられる。そこで本章では、本書共通の切り口である「正課に対して落とすエネルギーがどの程度であったのか」に加え、「学習面での問題をどの程度抱えた状態で大学に入学したのか」を本章独自の切り口として、そこに生きる学生の学びの実態を描写していきたい。

インタビューの概要

インタビューを行ったのは、ノンエリート大学に位置づけられる私立N大学に所属する学生である。N大学は、社会科学系の経済学部を擁する複合大学である。一学年約四〇〇名程度であり、いわゆる小規模大学に該当する。調査時点では定員充足していることからいえば、ボーダーフリー大学に位置づく大学というわけではは必ずしもなさそうである。ただし、インタビューの際に複数のN大学生が自大学を「ボーダーフリー（大学）」と語っていたことから、N大学をボーダーフリー大学として認識している学生は少なくないと考えられる。

N大学の経済学部は一学年三〇〇名程度であり、α学科とβ学科の二学科を有する。ディシプリンとの関連性が強い（すなわち、「ディシプリンそのものを学ぶ」という特徴が色濃い）のが前者であり、それが弱い一方で、特定の職業キャリアとの関連性が強い（すなわち、「ディシプリンにおける概念等を用いながら特定の職業キャリアについて学ぶ」という特徴が色濃い）のが後者であると整理できよう。なお、いずれの学科においても教職課程（社会）を履修することが可能である。

インタビューは二〇二一年度及び二〇二二年度の卒業が迫る時期（一一月から二月）に、一八名（うち四年生一七名）に対して行った。一七名の内訳はα学科が一二名、β学科が五名である。[2]なお、調査対象学生の選定は、まずN大学の教員に調査対象学生を数名紹介いただき、その後、彼らから次の調査対象学生を紹介してもらうという手続きを繰り返すスノーボール・サンプリングにて行った。

図表1－1は、本書共通の切り口である「正課に対して落とすエネルギーがどの程度であったのか」を縦軸に、本章独自の切り口である「学習面での問題をどの程度抱えた状態で大学に入学したのか」を横軸にとったものである。各象限には、序章で述べたアンケート調査に基づき、ノンエリート大学において当該象限に位置づく学生の規模を楕円の大きさで示している。具体的には、縦軸については、大学三年生以降の授業外学修時間で四時間を、[3]また、横軸については、高校レベルの学習内容について理解していたか否か[4]を基準としている。この結果からいえば、ノンエリート大学生は、学習面で問題を抱える程度が大きいがゆえか正課に落とすエネルギーが小さい学生の占める割合が相対的に大きく、N大学生も同様の傾向にある可能性がある。そうした学生が支配的とも考えられるN大学にあって、正課に落とすエネルギーが大きな学生とはいかなる存在なのだろうか。以下では、正課に落とすエネルギーがとくに大きかったミスズ、タカオ、アカリの「学びの物語」をみていくことにしたい。

図表1-1　正課へのエネルギー×学習面で問題を抱える程度

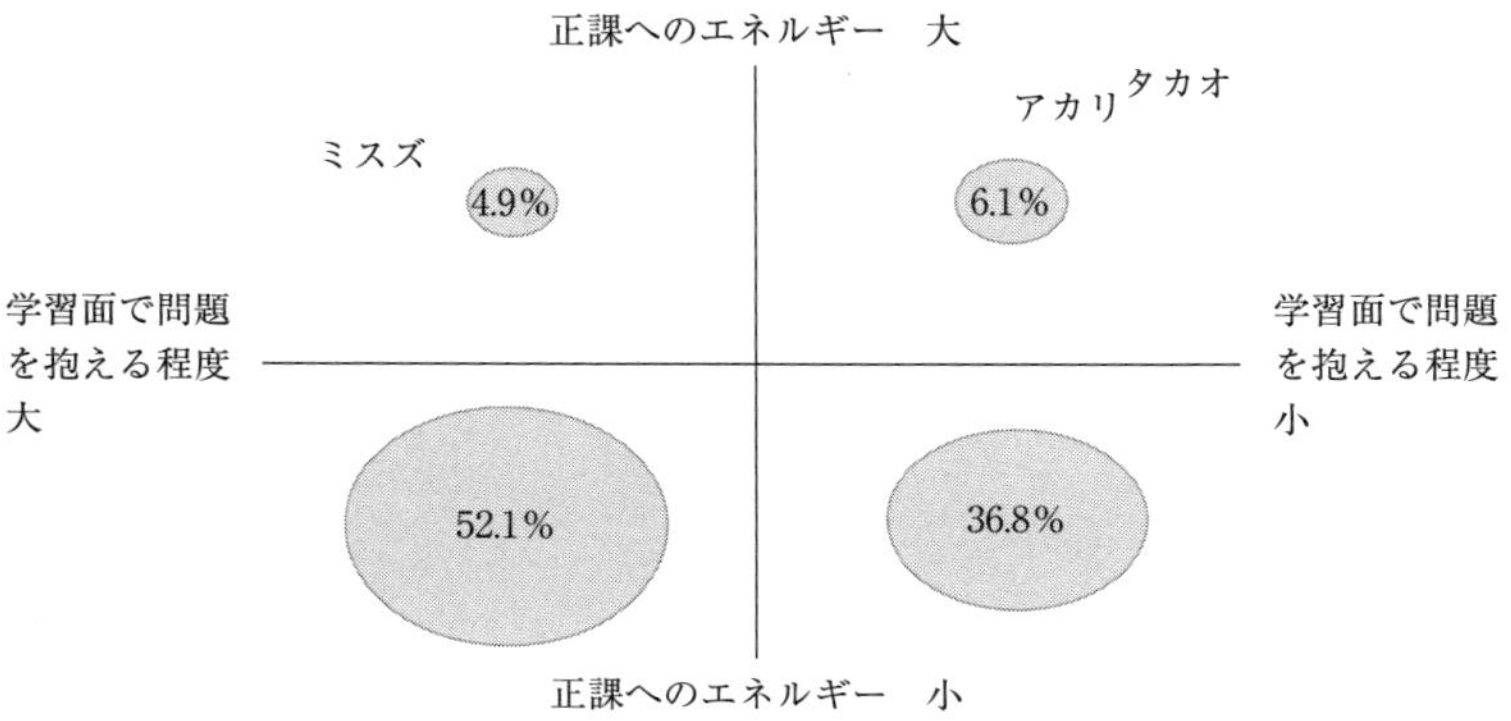

1．「三重苦」のなかで――ミスズの場合

まず、ノンエリート大学では多数派を占めている、学習面で問題を抱える程度の大きな学生のケースとして、ミスズを取り上げよう。

1.1　高校を中退して

ミスズは、実学系のβ学科に所属しながら、教職課程も履修している学生である。進路多様校を中退した経験をもち、通信制高校からβ学科に進学した。N大学では通信制高校から進学する学生は決して珍しくはないが、そこに至る経緯は人それぞれである。まずはその経緯を把握するところからミスズの「学びの物語」をみていくことにしたい。

ミスズ：中学校のときもあんまり学校に行ってなかったんですよ、私。その流れで来て、だるいなとか、しんどいなとか、そういうのがあって。で、高校でもそのままずるずるそれが続いて、あんまり高校も行けてなくて。それで、一回辞めたんですよ。
聞き手：それは何年生の頃？
ミスズ：一年生です。
聞き手：一年生の頃の何月ぐらい？
ミスズ：辞めたのが六月とか。
聞き手：結構早いね。
ミスズ：そうなんですよ。あまり行ってなかったので。
聞き手：辞めたあとに何をしてたの？
ミスズ：辞めたあとも一年ぐらいぷらぷら遊んでたんですよ、私。ちょっと仕事っていうか、先輩の紹介で仕事しながらやってて。「あ、このままじゃやばいな」と思って、で、通信制高校に入るようになった。

ミスズは、友達の巡り合わせが災いして中学二年時の途中あたりから生活態度を大きく崩していく。中学三年時にはほとんど学校に行かなくなり、「マンションの横にたまったりとか、ゲームセンター行ったりとか、プリクラ撮ったりとか」、そんな怠惰な日常を過ごしていたという。親が家庭教師をつけてくれたことでなんとか「偏差値三五」の進路多様校に滑り込むことができたものの、怠惰な生活態度を改めることができず、あまり高校にも行かないまま、一年時の六月には退学に至っている。

その後のミスズは、怠惰な生活を続けつつ、日当八千円の土木工事のアルバイトに汗を流す日々を送っていた。そんな日々に疑問を感じつつあったミスズの前に現れたのが、中学校のときに仲の良かった同級生であった。同じく高校を中退していたこの同級生は、通信制高校への入学をすでに考えており、「よかったら一緒に行かへん？」とミスズを誘ってくれたのだという。これをきっかけに通信制高校へ入学したことで、ミスズの「学びの物語」は大きく動き出すことになる。

1.2　学びの「三重苦」

通信制高校に入学したミスズは、「Twitter とか LINE とかもう全部消し」て「悪友」との関係を絶ち、それまでの怠惰な生活態度も大きく改めたという。そしてミスズは、中学時から密かに抱いていた「数学の先生になれたらいいな」という夢を実現すべく、教職課程のある第一志望の大学（工学部）を目指して、彼女なりに勉学に励んだ。なお、教育学部ではなく、教職課程のある大学を目指したのは、「自分の頭じゃそんないいところ（教育学部）に入れないやろう」という考えがあったのだという。その第一志望の大学に複数の受験機会で何度もトライするものの、中学校段階からの基礎学力の「積み残し」もあり、残念ながら合格には至らなかった。結果、指定校推薦の枠のあったN大学に進学する決断をする。

聞き手：N大学で数学の免許がとれるの？
ミスズ：とれないです。社会の免許しかとれない。

聞き手：それは葛藤なかったの？
ミスズ：めっちゃありましたよ。結構あったんですけど、もう、でもしゃあないから。
聞き手：本当は数学の先生になりたかったけど、「先生になれればいいや」みたいな感じに修正されたってこと？
ミスズ：はい。
聞き手：社会の成績とかでいくと、社会は得意だとかっていうのがあった？
ミスズ：いや、社会はあまり得意ではないです。めっちゃ、今、苦戦してます。

N大学経済学部の教職課程では社会の免許しかとれないため、ミスズの「数学の先生になれたらいいな」という夢は叶えられない。しかし、切羽詰まったミスズは、あまり得意でない社会でも「先生になれればいいや」と、教職課程のあるそこに進学する決意を固めるのである。基礎学力との関係性が強い教職課程の学びは、中学校段階からの基礎学力の「積み残し」が大きなハンデとなることから、とくに社会があまり得意でないミスズにとっては苦難の道以外の何物でもなかっただろう。

また、β学科での学びも苦難の道であった。ミスズがディシプリン系のα学科ではなく実学系のβ学科を選択したのは、そこでの学びの内容に関心があったからではなく、単に社会の免許を複数とることができたからである。ミスズは、大学で受けた授業全般に対して難しいという印象をもっていたというが、とくにβ学科の実学系の授業は「難しい」と感じ、「興味があんまりないから、何いってんやろうと思いながら」聞いていたという。β学科は基本的に特定の職業キャリアに関心のある学生が集まる学科である。インタビューを行った肌感覚でいえば、α学科よりも関心をもって授業を受けている学生が多いように見受けられる。そんななかにあって、ミスズはとくに関心をもてないβ学科の授業をこなしながら、あまり得意でない社会の教職課程もこなさなければならなかったのである。

さらに、中学校段階からの基礎学力の「積み残し」があるミスズには、教養教育（共通教育）でも脅威となる授業が少なくなかったことも忘れてはならない。たとえば、後述のアカリが「完全に高校よりもレベルが低い」と評する英語の授業も、ミスズは「もう何いってるか全然わからなくて、大丈夫かなと思いながら」と語っている。このように、ミスズは、教職課程、専門教育、教養教育での、いわゆる「三重苦」を背負ったミスズは、N大学における学習面での問題を抱える学生の象徴的な存在といってもよいだろう。

そうしたハンデを抱えるミスズは、大学の授業にどのように取り組んでいたのだろうか。

聞き手：成績自体は、ミスズさんはどんな感じ？　「A」が多いとか、「B」が多いとか。

ミスズ：「B」、「C」。でも、できるやつは「S」とか付いてたりするんですけど、もうほんまに確かに最初から聞いてないというか、わからないなって思ってるやつはほとんど「B」か「C」ということです。

聞き手：「S」がとれてるのはどんなやつ？

ミスズ：「S」は、でも教職教養とかそっち系。

聞き手：やっぱ教員に関心があるからということかな。……ちなみに、単位落としたりとかはどうですか。

ミスズ：二回ありました。

……

聞き手：大学の授業のなかで必要以上に頑張った授業がある？

ミスズ：必要以上はないですね。

聞き手：じゃあ、いわれたことを、単位をとるために最低限求められることを最低限やって成績を積み重ねていったということか。

ミスズ：はい。

ミスズの成績は「B」や「C」が多いということだから、お世辞にも良いとはいえない。しかしここで留意したいのは、関心のある科目では「S」をとることもしばしばあるし、単位を落とした科目が二科目「しか」ないという点である。教職課程を修了するためには卒業要件単位よりも三〇単位程度多く単位をとらなくてはならない。ノンエリート大学では、授業に出席しさえすれば単位を認定する、いわば「履修主義」に基づく成績評価がなされる傾向にある（葛城 2025）。とはいえ、学習面での問題の程度が低い学生であっても苦労するこのハードルを、ミスズが二科目「しか」落とさずに乗り越えてきたことは評価されてもよいだろう。「三重苦」を背負っていたミスズは、単位をとるために最低限求められることを地道にやり抜くことでなんとか単位を積み重ねてきたのである。

1.3 大学での学びで得たもの

このようなミスズの学びは、極めて受動的な学びであり、〈学校教育の枠組みでの学び〉の典型といえるだろう。それではミスズに、いわゆる〈学校教育の枠組みを超えた学び〉はなかったのだろうか。大学での学びの象徴といえばゼミや卒業研究が想起されるので、まずはゼミについてのミスズの語りをみてみよう。なお、ミスズのゼミは教職課程履修者向けのものであり、教職課程を履修するミスズはこのゼミを選択している。

聞き手：（インタビューの事前アンケートで）自分をもっとも成長させてくれたもののなかにA先生（筆者注：ゼミの担当教員）、「？」が入っているけど、これはどういうことなんやろ？

ミスズ：A先生も入っているかなと思って、結構考え方も変わったかなって思って。

聞き手：どういうふうに変わった？

ミスズ：どういうふう？　何かポジティブというか、何でもやってみようって。やってないんですけど、思うようにはなりました。「それを読みや」とかいわれて、「あ、読んでみようかな」とか、「みといてな」といわれてみたりとか、結構。

教職課程履修者向けのゼミということもあり、ミスズはゼミ担当教員と非常に良好な関係性を構築していた。その関係性のなかで、ミスズの考え方はポジティブなものに変わっていったようであり、ゼミ担当教員は、彼女をもっとも成長させてくれた存在として挙げられるまでになっている。このことから、このゼミがミスズにとって重要な学びの機会として機能していたことがわかるだろう。ただし、その成長の具体例（「それを読みや」とかいわれて、「あ、読んでみようかな」とか、「みといてな」といわれてみたり）をみる限り、〈学校教育の枠組みでの学び〉で得られた成長のように見受けられる。

それでは、大学での学びのいまひとつの象徴である卒業研究についてはどうか。ミスズは卒業研究への取り組みを次のように語っている。

聞き手：この卒論を書くためにもいろいろなお店回ってってことは、そういう調べることはしてると思うんだけど、本を読んだりとか、論文読んだりとか、そういうふうなことはしてる？

ミスズ：してないですね。

聞き手：完全に調べたことをまとめあげるみたいな感じか。

ミスズ：はい。

聞き手：なるほど。……卒論でこれ（筆者注：ジェスチャーで高さを示している）ぐらいやっとけば卒論認めてもらえるやろうっていうレベルがあったときに、今、自分がエネルギーを落としているのはこれをぎりぎり超えるようなぐらいのエネルギーを落としてるか、もうそれをはるかに超えるこのぐらいエネルギーを出してますかといったら、どっち？

ミスズ：ぎりぎりです。

ミスズの語りからわかるように、彼女の卒業研究は「初歩の（学術）研究」というには遠く及ばず、あくまで（授業で課されるよりはちょっと重めの）「調べ学習」に過ぎなかった。[5] ミスズにとって、卒業研究は「単位をとるために最低限求められることを地道にやり抜く」という受動的な学びのスタイルに変革を迫るようなものではなかったのである。すなわち、ミスズの学びは〈学校教育の枠組みでの学び〉に終始していたといっても過言ではないだろう。なお、ノンエリート大学といえども、大学である以上、その主要な機能は「教育」と「（学術）研究」であるが、とくにボーダーフリー大学では「研究」を「学術研究」のような意味合いで捉えることのできない者、すなわち、「研究」が何たるかがよくわかっていない者が、学習面での問題の有無（程度）にかかわらず多いことが指摘されている（葛城 2025）。卒業研究において「初歩の（学術）研究」をする機会のなかったミスズもその例外ではなく、「研究」という言葉からどんなことをイメージするかという問いかけに対し、「あんまりできないですね」と答えている。

このように、ミスズは、卒業研究含め「単位をとるために最低限求められることを地道にやり抜く」という受動的な学びのスタイルに徹してきたわけであるが、卒業を目前に控え、そうした受動的な学びのスタイルに後悔するような語りもしている。

聞き手：教員採用試験は受けたのかな？
ミスズ：今年、受けてないです。
聞き手：何で？

ミスズ：ちょっと自信をなくしてしまって。
聞き手：教育実習の流れでということ？
ミスズ：はい、そうです。もうちょっと勉強してから受けても遅くないんじゃないかなっていうのがいわれた。
……
聞き手：来年は臨時採用かなんかを待つって感じかな？
ミスズ：いや、それもしてなくて。とりあえず一回卒業したらバイトしながら勉強してという感じ。
聞き手：そうか。臨時採用のほうが有利だとかいう話を聞いたりするんやけど。
……
ミスズ：そこでも教えられる自信があんまりないんですよ。

ミスズが教育実習を通して気づかされたのは、自分がこれまで行ってきた受動的な学びでは現場で通用しないということだった。「（先生になりたいという）思いは強くなったんですけど、自信はなくしました」というミスズは、その自信のなさから教員採用試験の受験を見送ることにした。「もうちょっと勉強してから受けても遅くないんじゃないかな」という助言があったことに鑑みれば、教員採用試験をクリアするに足る勉強が不足していることは傍目にも明らかなほどだったのだろう。臨時採用で働きながら現場で自信をつけつつ勉強していく道も考えられるが、「そこでも教えられる自信がない」というミスズは、当分アルバイトをしながら受験勉強に励むとのことである。勉強不足を痛感するミスズは、大学での自分の学びを振り返り、「もうちょっと勉強しておけばよかったなぁ」と後悔を口にする。しかし、後悔の矛先は自分の学びの姿勢に向かっており、N大学での学びには向かっていない。N大学での四年間のキャンパスライフを振り返り、ミスズは次のように語っている。

聞き手：N大学に入ってよかったと思う？　それとも、別の大学に行ったほうがよかったかなっていうふうに思う？
ミスズ：いや、でもN大学でよかったって思います。
聞き手：何でそう思うんやろうか？
……
ミスズ：不満は一切ありませんでしたね、考えたら。
聞き手：不満はないんだね。例えば、大学の授業に関してもないってことやね？　もっとこうしてくれたらよかったのにとか、そういうのはないんですね？
ミスズ：ないですね。

「N大学でよかった」と語るミスズには、N大学への不満は授業を含め一切ないようである。入学当初は、「先生になりたい」という夢を叶えるために、基礎学力の「積み残し」という大きなハンデを抱えた状態で、得意でもない「社会」や関心のない「β学科での学び」に苦戦を強いられてきたミスズも、課されたハードル（単位）を乗り越えた今では、それらに「結構興味をもったりして」いるのだという。いかにN大学での学びが、ミスズのような学習面で問題を抱える程度の大きな学生に「適した」ものだったかがわかるだろう。すなわち、ミスズの「学びの物語」からみえてくるのは、そもそも高校までの学びにおいて「積み残し」の多い学生にとっては、〈学校教育の枠組みを超えた学び〉(〈大学固有の学び〉を含む)に踏み込むことがなくとも、〈学校教育の枠組みでの学び〉から得られるものがかなり残っているということなのである。

2. いい流れにのって――タカオの場合

次に、ノンエリート大学では少数派である、学習面で問題を抱える程度の小さな学生のケースとして、タカオを取り上げよう。

2.1 トップクラスからの転落

タカオはミスズと同様、実学系のβ学科に所属しながら、教職課程も履修している学生である。進学校の出身であり、高校入学当初はその高校でトップクラスの学力をもっていた。順調にいけば国立大学に進学できていたであろうに、転落の挙句、N大学への進学を余儀なくされることになる。その転落の経緯を把握するところからタカオの「学びの物語」をみていくことにしたい。

聞き手：タカオさんは（高校では）成績的にはどのくらいのランクやった？　中ぐらいとか。

タカオ：正直いってしまうと、入学当初はもう二位とかだったんですけど。卒業時には、下からもうすぐ数えたほうが早いみたいな感じだった。

聞き手：……

聞き手：何でそんなに落ちたんやろうか。

タカオ：高校にあがるときが、一番自由が増えて、自分に甘くなってしまったというか。

タカオ：……

聞き手：高校入学したときから、だんだん落ちていくわけじゃない？　自分のなかでは、それをどういうふうに感じてた？

タカオ：最初のほうは、少しずつ落ちていくんで、「次、本気出したらいけるやろう」みたいな。

タカオの高校入学当初の学力はその高校でなんと二位だったのだが、卒業時には下から数えたほうが早いところまで大きく転落してしまった。その原因となったのは、自由度が増えたことに伴う自分への甘えであったという。タカオは「すごく流されやすい」という性分で、一年時に成績が最下位付近のメンバーと結構仲良くしていたことで、「サボって当たり前」という態度が身についてしまったとも述懐している。転落が始まってもその危機感は乏しく、「本気出したら」という感覚は、成績が地の底まで落ち込んでさえもちあわせていたという。

聞き手：どこで、いよいよやばいというか、「本気出しても追いつけないぞ、この距離は」みたいなのを思ったの？
タカオ：本当に思い出したのは、高校三年の夏。
聞き手：でも、それ、もう結構王手がかかってる。
タカオ：そうですね。
聞き手：高校三年の夏か。でも、高校の進路指導なんかは、もうこれより早いタイミングでやられてるよね？
タカオ：はい。で、「希望、どこ？」と聞かれて、「国公立は某どこどこです」とか。「いや、今じゃ無理やで」とはずっといわれてたんですよ。「本気出したらいけるから」みたいな、心のなかで思っていて。

タカオは、高校入学当初の学力が二位だったことで生じた「謎の自信」によって、某国立大学への進学を夢想し続けており、現実がそう甘くないことには高校三年時の夏まで気づけなかった。現実に気づいたタカオは、目指す大学のランクを関関同立あたりまで落とし、「本気を出して」巻き返しを図ろうとする。しかし、基礎がわかっていない状態では勉強はなかなか進まなかった。どうも関関同立ランクは難しいということで、さらに落として産近甲龍ランクで手を打とうと前期の一般入試で受験するも、合格通知が彼のもとに届くことはなかった。焦ったタカオが後期の一般入試で最終的に選択したのがN大学経済学部β学科であった。そこを選択した理由は、中学時からの「教員になりたい」という夢を実現するための教職課程があったことと、趣味である旅行について学べる「面白い学科あるな」と思ったからだという。

2.2　再びトップクラスへ

さて、高校入学当初のトップクラスから高校卒業時には地の底にまで転落してしまったタカオであるが、N大学入学当初の彼はまたもやトップクラスであったという。高校よりもさらに自由度を増す大学にあって、彼は再び転落の道を歩むのだろうか。

聞き手：β学科のなかでは、タカオさんは、入学時点でどのくらいの学力のレベルだったと思う？
タカオ：すぐにテストがあって、学科のなかでは、たしか六位とかの。
聞き手：学科、何人おるんやったっけ？
タカオ：そんなに多くないんですけど、二〇〇何人とかだったと思うんです。
聞き手：でも、二〇〇何人のうち六位はすごいね。
タカオ：でも、やっぱりあの光景がフラッシュバックして。
聞き手：高校二位の記憶がね。……今、四年間終わってみて、自分はどの位置におると思う？
タカオ：素直にいうと、あんまり変わってないかなと。

タカオのN大学入学当初の成績はβ学科約二〇〇人中六位だったのだが、タカオはそこに忌まわしき高校時代の転落の記憶を重ねた。「すごく流されやすい」という彼であれば、学習面で問題を抱える学生が相対的に多いN大学という環境下にあって、再び転落の道を歩む可能性は容易にイメージできただろう。そこで、タカオは自衛策としてか入学後まもなくある行動に打って出る。その行動とは「特別クラス」への志願であった。結果的にこの策がうまくはまり、タカオは転落どころか、卒業時までトップクラスを維持することになる。

この「特別クラス」とは、学習意欲の高い学生向けに設けられたゼミのことである。[6]「すごく流されやすい」ことを自覚する彼は、学習意欲の高い学生のなかに身を置くことが自衛策として最善手と考えたのだろう。その対象となるのは、基本的にAO入試で一定の基準を満たした者のようであるが、それ以外でもテストを受けて一定の基準を満たせばそこに入ることが認められる。入学時にβ学科中六位であったタカオにとって、その基準を満たすのは造作もないことであった。「特別クラス」（ゼミ）に入ったタカオは、「意識がすごい高い人がそろっていたので、それに感化されて、自分も勉強に対して意識をすごい変えて、常に授業とかに出たりして」いたという。この「特別クラス」（ゼミ）という環境によって、タカオの学びへのボルテージは停滞するどころか熱を帯び加速していく。

聞き手：「特別クラス」を適当にこなしていくということとか、教免（筆者注：教員免許）の単位をなんとなくそろえていくということもできんことはなかったと思うんやけど、何でそこまで頑張ったかな？

タカオ：やっぱ周りは誰ひとり流されずに、自分の夢に向かって真剣に取り組んでるというのが。ほかにもやっぱ授業のなかで一つ面白いのがあったんですけど、「日本文化論」という授業では、毎回テストをして、その成績順に席を並べられるというのがあって、前から高得点というのがあって、僕の所属しているゼミ（筆者注：特別クラス）はほとんどが前にいるんで、「ひとりだけ後ろなんか絶対とられへん」と思いながら。

聞き手：なるほどね。……ちなみに、それでタカオさんは何番ぐらいやった？

タカオ：四、五とかを。

この「特別クラス」（ゼミ）に所属していたのは一二名ということなので、タカオは「精鋭」の揃うこのメンバーのなかにあって平均以上の位置につけていたことになる。このように、タカオはβ学科での学びに真摯に取り組んでいたわけであるが、そもそも彼がこの学科を選択したのは、そこでの学びの内容に関心をもったのもさることながら、教職課程があったことが大きい。そのため、彼はβ学科での学びに真摯に取り組みながら、教職課程もこなさなくてはならなかった。

聞き手：「特別クラス」の子らは、教免を必ずしもとるわけじゃないよね？

タカオ：誰ひとりとってないです。

聞き手：とってないよね。そうだよね。ということは、落とすエネルギーがちょっと違うわけじゃない？　そこら辺をどういうふうに考えてた？

タカオ：ちょっと意識が甘かったんですけど、「特別クラス」は本当に地域（筆者注：「特別クラス」で専門的に学べるテーマ）に特化してたという意識がちょっと甘くて、「教員免許をとりながら、より学べるやろう」という、少し軽い気持ちで入ってしまって、がっつりだったので、もう覚悟決めて、一年生から、朝から晩までずっと大学に残って。

タカオは、「特別クラス」（ゼミ）と教職課程を両立すべく、一年次より朝から晩までずっと大学に残って学びに取り組み続けたという。その結果、「特別クラス」（ゼミ）に専念できる学生よりも高い成績を得ることができていたのはまさに快挙といってよいだろう。ミスズのように、単位をとるために最低限求められることを地道にやり抜くことで高い成績を積み重ねたというわけでは必ずしもなく、授業に刺激を受けて自発的に学びに取り組むこともいくらかあったようである。なお、ＧＰＡでいえば、二年次までは「三」（素点でいえば平均で八〇点台）を超えていたが、三年次にはコロナ禍でオンラインになり、成績はガクッと下がってしまったという。大学に行くことなく、ほかの学生と会わなくなったことで、学びの動機づけが維持しにくくなったとのことであり、「すごく流されやすい」という彼の性分がここにも顕著に表れている。

2．3　大学での学びで得たもの

このようなタカオの学びは、能動的な側面はもちつつも、やはり授業を中心とした受動的な学びが色濃く、基本的には〈学校教育の枠組みでの学び〉の範疇で展開されているといってよい。大学での学びの象徴であるゼミ（「特別クラス」）にしても、タカオにとって重要な学びの機会として機能していたことは間違いないのだが、それが〈学校教育の枠組みでの学び〉を超えて展開されたことを裏付ける語りは見当たらないのである。

それでは、大学での学びのいまひとつの象徴である卒業研究についてはどうか。タカオは卒業研究への取り組みを次のように語っている。

聞き手：（卒業研究の）テーマ設定は自分でしたの？
タカオ：正直に話すと、四、五人で集まって一つの卒論をやると。提出期間が一〇月とかで結構早くて、五月ぐらいから方針を固めないといけなくて、そのとき、僕、ちょっと教育実習に。帰ってきたら、もう勝手にテーマが決まってたという形で。……実習に行く前に、ある程度、「こんなん、どう？」というのは何個か出してたんですけど、全然違ったものに決まってて、「あれ、これ、どっから出てきたん？」というような感じだったので。
聞き手：よくあるのは、卒論は自分の関心に基づいてテーマを決めて、何か必要以上に頑張るみたいなことだったりするけど、そういうことは、じゃあ、あんまりなかったのかな。
タカオ：卒論に燃えるようなことはあんまりなかった。

「特別クラス」（ゼミ）の卒業研究は、個人ではなくグループで取り組むものだった。タカオは教育実習のためにテーマ設定を決める場に参加できず、決まってしまったテーマを受け入れざるをえなかった。自分の関心に基づくテーマではないため、卒業研究に必要以上に入れ込むことはなかったようである。タカオの学力レベルからすれば、自分の関心に基づくテーマで取り組むことができれば、彼の卒業研究が「初歩の（学術）研究」になりえた可能性は十分にありうる。教員の意図としては、「特別クラス」（ゼミ）の精鋭によるグループでの取り組みとすることで「初歩の（学術）研究」の精度を高めようとしたものと推察されるが、それがかえってタカオを卒業研究に必要以上に入れ込めなくしてしまったというのは何とも皮肉な話である。

このように、タカオの大学での学びもまた、〈学校教育の枠組みでの学び〉の範疇で展開されるものであった。だからといって、タカオがN大学での学びを否定的に捉えているかといえばそんなことはない。むしろ非常に肯定的に捉えていることは、次のタカオの語りからも明らかである。

聞き手：（N大学での学びに）自分のなかでは結構しっかり胸を張って頑張ったといえるぐらいは頑張った？
タカオ：フルスロットルでは来たんじゃないかなとは思ってます。
……
聞き手：もう一回大学生活を送れるとなったときに、N大学を選ぶか。
タカオ：大学生活をもう一度といったら、僕、多分、このN大学を選んでると思います。
聞き手：それは、高校時代に戻って、受験勉強の頑張り次第ではほかの大学も行けるということになっても選ぶ？

タカオ：そうなるとやっぱり、目指してたＡ大（筆者注：国立大学）に行ってみたいという気持ちもあるんですけど。やっぱり、この大学で結構大きく自分も変われたというのはすごく思うことなので、「どこの大学でも」という感じはあります。

タカオは、「特別クラス」（ゼミ）と教職課程での学びに真摯に取り組み続けたＮ大学での四年間の学びを、「フルスロットルでは来たんじゃないかな」と肯定的に総括している。また、それがゆえだろうが、「この大学で結構大きく自分も変われた」と自負している。先述のように、高校時代のタカオは「本気出したらいけるやろう」という感覚を、成績が地の底まで落ち込んでさえなおもちあわせており、ついに本気を出しきれぬままＮ大学に進学することになった。そうした意味では、タカオにとってＮ大学での学びは、高校時代には出しきれなかった本気を存分に出しきれた得がたい経験だったといえよう。すなわち、タカオの「学びの物語」からみえてくるのは、高校までの学びにおいて上限まで努力する、あるいは成功体験を味わうといった経験がない学生にとってもまた、〈学校教育の枠組みを超えた学び〉（〈大学固有の学び〉を含む）に踏み込むことがなくとも、〈学校教育の枠組みでの学び〉から得られるものがまだ存分に残っているということなのである。

3．全部「Ｓ」をとろう——アカリの場合

最後に、タカオと同様、学習面で問題を抱える程度の小さな学生のケースとして、アカリを取り上

げよう。

3.1　後悔の選択

アカリは、ディシプリン系のα学科に所属する学生である。偏差値五〇程度の中堅高校の出身であり、高校時代の成績は比較的良好だった。偏差値的にはもう少し高い大学も狙えたアカリが、なぜN大学への進学を決断するに至ったのか、その経緯を把握するところからアカリのケースをみていくことにしたい。

アカリ：大阪に行きたい気持ちがあって。でも、やっぱり親には迷惑かけたくないから、安い所を探して。八月だったんですよね、受験が。大学受験で、結構早いほうだと思うんですよ、多分。とりあえず、それ受けなきゃと思って、で、もしも落ちたらほかの所を考えればいいし思ってたんですよ。でも、それで合格したから、気分的にももう楽になって、それで人よりも早く受験が終わったみたいな感じになっちゃって、それはほんとにすごい後悔してます。私、オープンキャンパスとかも、あんまりまともにほかのに行ってなくて。だから本当に、たまたまN大学の（パンフレットの）文面をみて決めちゃったというのがあって、すごい後悔。

アカリは中国地方の出身で、「大阪に行きたい気持ち」が強くあった一方、私立大学でのひとり暮らしとなると親への負担が大きくなることを懸念していた。そこで授業料の安い大学を探した結果、

ＡＯ入試だと授業料半額免除となるＮ大学を「みつけてしまう」。その好条件に目が眩み、パンフレットの文言を鵜呑みにして、ほかの大学との比較を含め、しっかり調べることも怠ってしまった。高校時代の成績は「中の上」であり、高校の先生からは「一発目からそこ（Ｎ大学）を受けるのはどうなのか」ともいわれたようだが、もはやその忠告を聞く耳はもてなかったのである。なお、ディシプリン系のα学科を選んだのは、高校の先生から「とりあえず、やりたいことがないなら、経済系を出とけば、何とかなるんじゃない」といわれたからだという。アカリはＡＯ入試を経てＮ大学への入学を早々に決めてしまうのだが、慎重さを欠いたその選択を後悔するのに時間はさほどかからなかった。

アカリ：Ｎ大学に大学が決まって、いざ入ってみたときに、周りとの学力の差をすごい感じて。私、本当に普通に生きてきたのに、私よりみんな、何ていうんですかね、私のほうができるんじゃないかみたいな。思うようになってきて、私、転学も一回考えたんですよ、だから。……私、Ｎ大学で四年間過ごしても、という思いが出てきたんですよ。結構、最初らへんから、もう入学する前ぐらいから思ってて、それを。最初に、「集まれ」みたいなのがあるじゃないですか。入学式の前に会ったときに、すごい同級生になる女の子たちと話したときに、すごいそれを感じるようになって。

アカリがＮ大学への入学を後悔したのは、なんと入学前であった。入学前に集まる機会で同級生と話をした際に、自分の学力レベルには見合わない大学であることを実感したからである。授業を受ければ「何か頑張らなくても上にいれる」ような状態で、とくに英語の授業では「完全に高校よりもレベルが低くて、私、この授業何してるんだろうと思うようになって、やっぱ周りが違えば違うのかなって思うようになって転学したいな」と思ったのだという。結果的に諸々の理由で転学は断念したものの、N大学生であり続けるという選択をしたアカリは、自己肯定感が損なわれる状況に、学内はおろか学外でも見舞われることになる。

聞き手：N大学という学歴に対するコンプレックスを感じる？
アカリ：ありますあります。もう本当にそれが嫌で、私。嫌すぎて、やっぱり（アルバイト先の）居酒屋って、めっちゃ聞かれるんですよ、お客さんからとかやったりとか。「どこの大学行ってるの？」みたいな。もうまともに聞かれる機会ってめっちゃあったりとか、やっぱり友達の友達、その彼氏にだったりとかって、やっぱり大学って聞かれるじゃないですか。いいたくなさすぎて、N大学っていった瞬間に、「あー」みたいな。「あ、あそこね」みたいな。……まぁ、神戸にいるときとかだったら、「あ、大阪の大学です」とか濁してることとか全然あります。

3.2 「偉業」の末に

このような学歴コンプレックスは、先述のタカオも抱えていたのだが[7]、タカオとアカリではその意味合いが大きく異なる。すなわち、タカオの場合は、N大学を選択せざるをえなかったためにその選択によって生じる学歴コンプレックスは甘んじて受け入れざるをえないのに対し、アカリの場合は、

N大学を選択せざるをえなかったわけではなかったためにその選択によって生じる学歴コンプレックスを回避できた可能性がありえたからである。慎重さを欠いた自分の（大学）選択の結果として受け入れなければならない分、学歴コンプレックスによるダメージはアカリのほうが大きいだろう。

このような学内外で自己肯定感が損なわれる状況から身を守るべく、アカリは入学まもない段階である決意をする。

アカリ：ただ単位をとるだけじゃなくて、私、一番いい成績で卒業しようと思ったんですよ。

……

聞き手：具体的に、一番で卒業するために何をした？

アカリ：N大学の成績のあれが、「S」が一番良くてという感じなんです。一回生のときから、フルコマで二四単位とれるようにするのはいってて、で、それ全部「S」をとろうと思ってたんですよ。で、一つだけ「B」だったんですけど、あと全部「S」だったから、「これ、イケる」と思って、二回生でも三回生でもそれ続けようと思って。確かに、ほんとに勉強しなくても、単位多分とれるし、正直。授業に出てたら単位くれるみたいなことが。……ちゃんと勉強して、人より多分上に行ったら「S」がとれるなと思ったから。

アカリは、基礎学力的には単位の取得に苦労することはまったくないため、易きに流れようと思えばそうできたはずである。しかしそれを良しとせず、自らに「全部「S」をとろう」という、N大学だからこそ成立しうる誓いを立て、学びに真摯に向き合い続けた。その結果、実際にほとんどの科目で「Ｓ」をとり、四年次前期までのＧＰＡは「三・八」（素点でいえば平均で九〇点弱）という「偉業」を成しえた。

こうした「偉業」にアカリを動かしていたのは、秀でた成績をとり続けることによって、自己肯定感をこれ以上損なわれたくないという思いであった。もともと「周りに負けるのが嫌い」な性分であるアカリにとって、自分の学力レベルには見合わない大学だと考えている自分がほかの誰かに負けることなどあってはならない。周りの学生が「ズルい手」を使って単位取得を目指すなか、「その人たちには負けたくない」と奮起し、「正攻法」で秀でた成績をとり続けてきたのである。しかし、アカリを動かしていたのはそれだけではなかった。秀でた成績をとり続けることでその後の就職活動を少しでも有利に立ち回り、少しでも良い就職先を得ることによって、損なわれた自己肯定感を回復させたいという思いも強かった。

聞き手：アカリさんのなかでＮ大学よりももっと上の所でやれたはずなのにという思いが、仮にあるとしたときに、もっといい所（筆者注：就職先）に行って、これを帳消しにしてやれみたいな気持ちはあった？　なかった？

アカリ：ありました。単純にその気持ちしかなかったです。

それでは、そうしたアカリの思惑通りに事は運んだのだろうか。アカリはその「偉業」を成しえたことで、成績上位者数名にのみ与えられる学長推薦の対象者となった。学長推薦によって「学歴フィルター」のかかる大手企業の書類審査をパスできたことで、厳しい面接練習の支援もあり、実力で大手企業への内定を勝ち取ることができた。この大手企業は非常に人気が高く、エリート大学の学生でも内定獲得は容易ではないことを考えれば、まさに「快挙」といえよう。この学長推薦を契機とした大手企業への内定獲得によって、損なわれていた自己肯定感は回復するどころか、従前よりも豊かなものとなることだろう。また、学外で苛まれてきた学歴コンプレックスも、大手企業名によって完全に上書きされることだろう。秀でた成績をとり続けるというアカリの決意は、思惑以上の成果を彼女に与えたのである。

3．3　大学での学びで得たもの

話が少しそれたので本筋に戻ろう。ここで留意しておきたいのは、アカリが大学での学びに真摯に向き合い続けたことは確かであるが、必要以上に多くのコストを落として秀でた成績を積み重ねてきたわけではないということである。アカリは次のように語っている。

聞き手：乗り越えなきゃいけないハードルがこのぐらいだったときに、多くの人はもうこのぐらいでいいやって、最低限のコストで乗り越えようとするんだけど、自分でもっと上のほうを目指して頑張るみたいな経験は、卒論を含めてあった、なかった、どっち？

アカリ：あったならば、就職活動ですね。

聞き手：あぁ、就職活動か。つまり大学でのお勉強のなかではなかったってことかな？
アカリ：勉強ですか？
聞き手：大学のなかのいわゆるカリキュラムとして、経済学部α学科での勉強があり、その集大成として卒論があるとしたときに、そのカリキュラムのなかで、たとえば、刺激を受けてもっと勉強を自分でしてやろうっていうふうなことは？
アカリ：英語かな、それなら。……そんな一生懸命何か資格とるために勉強したとか全然ないんですけど。すごい洋画をみるようになったりとか、すごい生活のなかでできる英語の勉強をしたって感じですね。

もともと学習面で比較的優秀なアカリは、必要以上に多くのコストを落とすことなく、「正攻法」で「要領よく」秀でた成績を積み重ねることができた。その意味では、アカリの学びは、単位をとるために最低限求められることを地道にやり抜くことで成績を積み重ねた、先述のミスズの学びと質的には大差ないといってもよい。必要以上に多くのエネルギーを落とした経験として挙げられたのは「就職活動」や「英語の勉強」であり、大学での学びの象徴であるゼミや卒業研究が挙げられることはなかった。とくに後者については、聞き手が例示したにもかかわらず、である。

それでは、アカリはゼミや卒業研究にどのように取り組んでいたのか、念のため確認しておこう。まず、ゼミについてであるが、アカリのゼミ選択は消去法によるものだったようである。それもあってか、ミスズやタカオのようにゼミあるいはゼミ担当教員が好意的に語られることはない。しかし、それはゼミが学びの場として機能していないことと同義ではない。ゼミ担当教員は卒業研究の指導に非常に熱心であり、毎週のように書けたところまで提出させ、添削するというやりとりを繰り返しているようである。N大学には学生懸賞論文で優秀な成績を修めた論文を掲載する『N大学論集』なるものがあり、ゼミ担当教員はこれへの掲載を目指すようゼミ生には促していたという。アカリは卒業研究への取り組みについて次のように語っている。

聞き手：それ（筆者注：『N大学論集』）は大学が出してる冊子みたいなことかな？
アカリ：多分、そうだと思うんです。私もあまり詳しくは知らないんですけど、B先生（筆者注：ゼミの担当教員）すごいそれにこだわってて、このなかからも誰か出してほしいみたいな。
聞き手：それは優秀な卒論が載っかるイメージなのかな？
アカリ：そうですそうです。
聞き手：それはB先生に勧められて、前のめりで、「よし、頑張ったろう」って感じなのか、それとも、「まぁまぁ、あるんなら出してみようか」ぐらいのどっちなんかな？
アカリ：その「あるなら出そうかな」みたいな。
聞き手：昔、一年生のときのギラギラしていた、あんな感じで、「ここに載せてやる」っていうふうな感じではもうないんかな？
アカリ：でも、それもあります。でも別にB先生の期待に応えようとかってよりも、もう自分のあれですね、自分の「やった感」が、まぁやりたいなって思ってたんですよ。でも、本当に卒論が思うようにいかなくて。難しくて難しくて。で、気づけば一一月になってて。本当に、もう最後のあれで、私、結構バイトとかも入れちゃってて、卒論に時間を割いてなくて、今、ちょっと後悔してます。もっとやればよかった。

アカリは、ゼミ担当教員からの勧めもあって、『N大学論集』への掲載を目指して卒業研究に取り組んでいた。こうした姿勢は一見、入学間もない段階で自らに課した「全部「S」をとろう」という誓いと整合性があるようにもみえるが、必ずしもそうではないだろう。なぜなら、その誓いを立てたときには確かにあった「強い想い」は、もはやアカリに見受けられないからである。「強い想い」が欠如しているがゆえ、卒業研究に十分な時間を割けなかったことで、アカリの卒業研究の進捗は芳しいものではなかった。結局、応募締切（一一月中旬）に間に合いそうもないということで、インタビュー時点では、投稿を諦めようかというところであった。ここで留意したいのは、これまで必要以上に多くのコストを落とすことなく、「正攻法」で「要領よく」秀でた成績を積み重ねてきたアカリが、なぜ卒業研究に投入する時間を見誤ったのかという点である。次のアカリの語りからはその理由がみえてくる。

聞き手：ちなみに、難しいって話だけど、何が難しいかな？

アカリ：話を膨らましていくのが、すごく難しくて、卒論は多分二万字とか一万字超えたりとかすると思うんですけど、やっぱ、大体、テーマ、大きく五個ぐらい考えて文章立てていこうと思ってて、それはできたんですよ。結構早い段階からできてて。まぁ、ある程度の話もできて、膨らましても膨らましても全然文字数いかないし。

聞き手：でも一万字ってさ、Ａ４で七、八枚ぐらいのもんでしょう？　そんなでもないと勝手に思っちゃうんやけど。

アカリ：あんまり何を書いていいのかわかんなくて。

「正攻法」で「要領よく」というアカリの学びのスタイルは、大学での学びの象徴である卒業研究には通用しなかったのである。加えて、アカリの卒業研究に対する「難しさ」の認識は、ほかの授業課題との質的な違いというよりは、量的な違い（分量の多さ）に依るもののように見受けられることにも留意したい。すなわち、Ｎ大学で秀でた成績を積み重ねてきた、学習面で比較的優秀なアカリであっても、卒業研究を〈学校教育の枠組みを超えた学び〉（〈大学固有の学び〉を含む）の機会として捉えることはできていなかったということである。

このように、アカリの大学での学びもまた、先述のタカオと同様、〈学校教育の枠組みでの学び〉の範疇で展開されるものであった。ただ、そうなってしまった構造は、アカリとタカオでは決定的に異なっている。すなわち、タカオは「教員になりたい」という入学時の職業キャリアイメージが明確であり、大学での学びの動機づけが担保されやすい状態であった。しかし、それが明確であるがゆえに学科（特別クラス）での学びと教職課程での学びを両立せねばならず精神的にも時間的にも余裕がなかったうえ、構造的な要因もあって〈学校教育の枠組みを超えた学び〉の機会となりうる卒業研究に必要以上に入れ込むことができなかった。

これとは対照的に、アカリは学科での学びという点では精神的にも時間的にも余裕はあった。しかし、そもそもアカリには入学時の職業キャリアイメージが明確ではなく、しいていえば「〈N大学への進学を帳消しにするような〉良い就職先」というような具体性に乏しいものであったため、大学での学びの動機づけも「良い就職先」を得るための手段という位置づけであった。すなわち、「何を学ぶか」よりも「どうやって良い成績をとるか」という、学びの本質とはかけ離れたところでアカリの学びの動機づけは担保されていたのである。だからこそ、そうした動機づけに裏打ちされた、「正攻法」で「要領よく」というアカリの学びのスタイルは、授業では通用しても、〈学校教育の枠組みを超えた学び〉、ひいては〈大学固有の学び〉の機会となりうる卒業研究には通用しなかったのだろう。すなわち、こうしたアカリの「学びの物語」からみえてくるのは、いかに大学での学びに真摯に取り組んでいたとしても、また、〈大学固有の学び〉に耐えうる学力レベルを有していたとしても、さらには、〈大学固有の学び〉を提供しようとしてくれる教員がゼミの担当教員になったとしても、学びの動機づけが学びの本質とはかけ離れたところで担保されている場合には、〈大学固有の学び〉を享受することはできず、結果として〈学校教育の枠組みでの学び〉から抜け出すことができないということなのである。

4. 考　察——ノンエリート大学における学びの特徴

以上、正課に落とすエネルギーが総じて小さい学生が支配的ともいえるノンエリート大学にあって、正課に落とすエネルギーがとくに大きかったミスズ、タカオ、アカリの「学びの物語」を読み解いてきた。そこから得られたノンエリート大学生の学びの特徴を整理しよう。

まず、ノンエリート大学では多数派を占めている、学習面で問題を抱える程度の大きな学生であるミスズの「学びの物語」からみえてきたのは、そもそも高校までの学びにおいて「積み残し」の多い学生にとっては、〈学校教育の枠組みを超えた学び〉（〈大学固有の学び〉を含む）に踏み込むことがなくとも、〈学校教育の枠組みでの学び〉から得られるものがかなり残っているということであった。また、ミスズとは対照的に、ノンエリート大学では少数派である、学習面で問題を抱える程度の小さな学生であるタカオの「学びの物語」からみえてきたのも、高校までの学びにおいて上限まで努力する、あるいは成功体験を味わうといった経験がなかった学生にとってもまた、〈学校教育の枠組みを超えた学び〉に踏み込むことがなくとも、〈学校教育の枠組みでの学び〉から得られるものがまだ存分に残っているということであった。すなわち、学習面で問題を抱える程度の多寡にかかわらず、高校までの学びでは「余白」の大きかったノンエリート大学生にとっては、大学での学びに〈学校教育の枠組みを超えた学び〉がなかったとしても、〈学校教育の枠組みでの学び〉を通じてその「余白」を埋めることで、大学での学びに対して十分な満足感を得ることができるのである。しかし、だからといって、ノンエリート大学において〈学校教育の枠組みを超えた学び〉など必要でない、と主張したいのではない。ミスズにせよ、タカオにせよ、せめて〈学校教育の枠組みを超えた学び〉に踏み込めればその満足感のありようは多少なりとも変わったのではなかろうか。とくにミスズのように、「教育」と「研究」を主要な機能とする大学に身を置きながら、「研究」が何たるかがよくわかっていない学生にとってはそこに踏み込むこと自体が小さからぬ意味をもちうると信じたい。

それでは現実問題として考えた場合に、ノンエリート大学生に〈学校教育の枠組みを超えた学び〉、とくに〈大学固有の学び〉を経験させることはできるのだろうか。そもそもノンエリート大学では、学習面での問題を抱える学生が多く集まっているため、たとえば、大学での学びの象徴である卒業研究は〈学校教育の枠組みを超えた学び〉、ひいては〈大学固有の学び〉の機会として機能しにくい現状がある。なぜなら、学習面で問題を抱える程度が小さくない学生にとって、先行研究等に基づく重層的な根拠に基づき論を展開することは、かなりハードルが高いからである。教員はそれがわかっているからこそそこまで求めることはなく、彼らができる範囲の〈授業で課されるよりはちょっと重めの〉「調べ学習」でよしと考えるのである。一方、学習面で問題を抱える程度が小さな学生にとって、先行研究等に基づく重層的な根拠に基づき論を展開することは、手が届く課題かもしれない。すなわち、こうした学生には〈大学固有の学び〉を経験させることができそうにも思えるが、必ずしもそういうわけではない。アカリの「学びの物語」からみえてきたのは、〈大学固有の学び〉に耐えうる学力レベルを有していたとしても、学びの動機づけが学びの本質とはかけ離れたところで担保されている場合には、〈大学固有の学び〉を享受することはできず、結果として〈学校教育の枠組みでの学び〉

から抜け出すことができないということであった。たとえ、〈大学固有の学び〉を提供しようとしてくれる教員がゼミの担当教員になったとしても、当の学生本人が〈大学固有の学び〉を求めない限りは、それを経験させるのは非常に難しいということなのだろう。ノンエリート大学においてそれを求める学生はかなりのレアケースであることを考えると、〈大学固有の学び〉を経験させることができるのはごくごく一部の学生に限られるということである。

注

1　「ボーダー・フリー」という用語自体は、そもそも河合塾による大学の格付けにおいて、合格率五〇%となるラインがどの偏差値帯でも存在しないという意味で用いられている。すなわち、本章で用いる「ボーダーフリー大学」と同義でないことを付記しておく。

2　対象者がα学科に大きく偏っているのは、二〇二一年度調査において、いわゆるディシプリン系のα学科といわゆる実学系のβ学科では、入学時の職業キャリアイメージの有無に基づく学びの動機づけに差がある傾向がうかがえたからである。すなわち、入学時の職業キャリアイメージに基づきいわば積極的にβ学科を選択した学生は、そこでの学びの動機づけを担保しやすく、それがゆえにそこでの学びの内容に関心をもちやすいのに対し、入学時の職業キャリアイメージもなくいわば消極的にα学科を選択した学生は、そこでの学びの動機づけを担保しにくく、それがゆえにそこでの学びの内容に関心をもちにくいという傾向がうかがえたのである。そのため、二〇二二年度調査では、学びの動機づけが構造的に担保されにくいα学科の学生に対象を限定した。

3　アンケート調査では、「あなたは、どれぐらいの時間を大学の授業の予習復習にあてていましたか（あてていますか）。平均的な一週間（七日間）の時間をお答えください。」とたずね、「〇時間」、「一～二時間」、「三～四時間」、「五～六時間」、「七～八時間」、「九～一〇時間」、「一〇時間以上」の選択肢のなかから回答を求めている。なお、四時間を基準としたのは、文部科学省が実施した令和四年度「全国学生調査（第三回試行実施）」において、社会（科学）系の「予習・復習・課題など授業に関する学習」の平均値が五・〇九時間（選択肢の中央値を用いた筆者による概算）だったことによる。

4　アンケート調査では、「高校レベルの学習内容について、理解していた」かたずね、「まったくあてはまらない」から「非常にあてはまる」までの七つの選択肢のなかから回答を求めており、「まったくあてはまらない」から中央の選択肢までを「学習面での問題を抱えている」と判断した。なお、「中学レベルの学習内容について、理解していた」かもたずねているが、この問いを横軸にとると、第一象限は八・〇%、第二象限は三・一%、第三象限は三〇・一%、第四象限は五八・九%となる。

5　学習面で問題を抱える程度が相対的に大きい別のN大学生の卒業研究も紹介しておこう。彼の卒業研究もまた、(授業で課されるよりはちょっと重めの)「調べ学習」に過ぎない。彼のテーマは、「DIY業界で売上上位の会社がほかの会社とどう違うのか」というものであり、その内容は業界誌一冊とネット情報のみで紡がれている。購入した業界誌を「結構値段しますけど」と、三、五〇〇円「も」自腹を切ってまで取り組んでいることを誇らしげに語る姿が非常に印象的だった。詳細については葛城(二〇二五)を参照されたい。

6　N大学ではゼミへの配属は二年次になされるが、「特別クラス」に所属する学生は、ほかのゼミへの配属を希望しない限り、この「特別クラス」がゼミとなる。

7　タカオは、「初めて会う人も結構、「どこ大なん?」といってくるので……「僕なんかそんな大した大学じゃないんで」といって、ちょっと逃げるような」と語っている。ここで留意したいのは、タカオが学歴コンプレックスのために、学外でのさまざまな学びの機会を逸していたことである。たとえば、アルバイトについては、教員を目指すのであれば家庭教師や塾講師を選択してもよさそうなものだが、「ちょっとした学歴コンプレックスっていうのがあって、国公立以上じゃないとそういうのはしたら駄目なのかなというのは勝手に自分のなかで思ってい」たのだという。また、サークルについても、「ほかの大学のサークルとかも所属できたりするので、そういったこともしたらよかったのかな」とは思いつつも、「(学歴コンプレックスで)怖くて行けなかった」のだという。

文　献

葛城浩一(2025)『ユニバーサル化時代の大学はどうあるべきか——ボーダーフリー大学の社会学』玉川大学出版部。

第2章　展望に縛られる
——中堅大学における学び

山内乾史・葛城浩一

中堅大学とは何か

本章では、中堅大学に所属する学生（以下、中堅大学生）の学びの実態についてみていきたい。本書でいう「中堅大学」とは、前章でみたノンエリート大学と次章でみるエリート大学の中間に位置する大学である。端的にいえば、入学難易度が（極めて）高いというわけでも（極めて）低いというわけでもないのが中堅大学ということである。正規分布でイメージするとわかるように、この中堅大学こそが日本の大学生のボリュームゾーンである。

この中堅大学を、ノンエリート大学やエリート大学と差別化できるように明確に特徴づけることは思いのほか難しい。というのも、ノンエリート大学やエリート大学の特徴は、中堅大学生を含む、現代を生きる大学生が一般的に有する特徴を前提としたうえで、それらの大学に由来する特徴が上乗せされる形で表現されている（上乗せされた結果、前提とされる特徴が減じられることもある）と考えられるからである。[1] すなわち、中堅大学の特徴とは、「現代を生きる大学生が一般的に有する特徴」がシンプルに顕在化しているという点にあるといえようか。

「現代を生きる大学生が一般的に有する特徴」を捉えるうえで参考となるのは、大学のユニバーサ

図表2－1　金子（2013）による学習動機の整理

出典：金子（2013：82頁）をもとに筆者作成。

ル化が進行した時代に考案された金子（2013）の学生分類であろう。金子（2013）は、「自己認識」と「大学の教育目的との適合度」の二軸を掛け合わせ、学生の学習動機を「高同調」「独立」「受容」「疎外」に四分類している（図表2－1）。なお、これらの二軸が意味するところは、前者は「卒業後にやりたいことが決まっている」か否かであり、後者は「大学での授業はやりたいことと関係している」か否か等である。

　ここでは、金子（2013）が学生の学習動機を分析するにあたって、以上の二軸、とりわけ「自己認識（卒業後にやりたいことが決まっている）」を重視していることに注目したい。というのは、生徒・学生の学びや成長に関して分析を重ねてきた溝上も、キャリア意識の影響力を主張しているからである（溝上ほか 2018 など）。

　そこで本章では、中堅大学に通う学生の学びの実態をみるにあたって、本書共通の切り口である「正課に対して落とすエネルギーがどの程度であったのか」に加え、「入学時のキャリアイメージがどの程度明確だったのか」を本章独自の切り口として、そこに生きる学生の学びの実態を描写していきたい。

インタビューの概要

インタビューを行ったのは、中堅大学に位置づけられる私立M1大学と私立M2大学に所属する学生である。二大学を対象としたのは、中堅大学が日本の大学生のボリュームゾーンであるがゆえに、対象とするのが一大学では心もとないと考えたからである。M1大学は、社会科学系の（複数の）学部を中心に構成された総合大学である。一学年約二、五〇〇名、全体で約一〇、〇〇〇名を擁することからいえば、大規模総合大学ということになろう。[2] 他方、M2大学は、人文科学系の学部を中心に構成された、社会科学系の学部を複数擁する総合大学である。一学年約一、五〇〇名、全体で約六、〇〇〇名を擁することからいえば、中規模総合大学ということになる。

この両大学から社会科学系学部を選び、比較検討しながら本章の議論を進めたい。近年、関西では「社会（学）」を冠する学部を設置する大学が、とくに中堅大学に多く見受けられる。なお、その学部名には複数のパターンがあるため、以下では「社会学部系学部」という表現を用いる。後でも事例として触れるが、社会科学系学部の典型である法学部や経済学部とは異なり、「社会学」を学ぶ意識で「社会学部系学部」に入学する学生は、少数の大学院進学希望者を除いて皆無に近い。[3] どうも学生の多くは「社会学部系学部」での学びの内容について、高校教育における「現代社会」や「社会科」の延長をイメージしているようである。つまり、イメージは「「社会学」部」ではなく「「社会」学部」であり、「社会について幅広く学べる」というイメージをもつ学生がかなり多くいる。

さて、Ｍ１大学の「社会学部系学部」は一学年二〇〇名強であり、α１学科とβ１学科の二学科を有する。[4] ディシプリンとの関連性が強い（「ディシプリンそのものを学ぶ」という特徴が色濃い）のが前者であり、それが弱い一方で、特定のテーマとの関連性が強い（すなわち、「ディシプリンにおける概念等を用いて特定のテーマについて学ぶ」という特徴が色濃い）のが後者であると整理できよう。加えて、後者のβ１学科では、特定のテーマと特定の職業キャリア（とくに公務員系）との関連性が強いという点が留意すべきポイントである。

一方、Ｍ２大学の「社会学部系学部」は一学年三〇〇名強であり、α２学科とβ２学科の二学科を有する。ディシプリンとの関連性が強いのが前者であり、それが弱い一方で、特定のテーマとの関連性が強いのが後者であるという点では、先のＭ１大学と同様である。ただし、後者のβ２学科では、先のＭ１大学β１学科ほど、特定のテーマと特定の職業キャリアとの関連性が強いわけではないという点が留意すべきポイントである。

インタビューは二〇二二年度の六月から一二月にかけて、四年生一六名に対して行った。対象者の内訳はＭ１大学、Ｍ２大学ともに、いずれの学科も男子学生二名、女子学生二名の合計四名ずつである。なお、調査対象学生の選定は、当該大学の教員に学生を紹介いただく形で行った。

図表２－２は、本書共通の切り口である「正課に対して落とすエネルギーがどの程度であったのか」を縦軸に、本章独自の切り口である「入学時のキャリアイメージがどの程度明確だったのか」を横軸にとったものである。各象限には、序章で述べたアンケート調査に基づき、中堅大学において当該象限に位置づく学生の規模を楕円の大きさで示している。具体的には、縦軸については前章と同様、

大学三年生以降の授業外学修時間で四時間を、また、横軸については、大学入学時に自分の将来の見通しをもっているか否かを基準としている。[5] この結果からいえば、中堅大学生は、入学時のキャリアイメージが明確ではあるものの正課に落とすエネルギーが小さい学生（第四象限）の占める割合が大きく、M1大学生、M2大学生も同様の傾向にある可能性がある。

ただし、ここでいう「入学時のキャリアイメージ」は職業キャリアを必ずしも意味するものではないため、これを「入学時の「職業」キャリアイメージ」に限定すれば、その割合がここまで大きくなることはないだろう。とくにディシプリンとの関連性が強い一方、特定の職業キャリアとの関連性が弱い学科（M1大学α1学科、M2大学α2学科）では、第四象限（入学時キャリアイメージ明確＋正課へのエネルギー小）の割合は小さなものとなり、第三象限（入学時キャリアイメージ不明確＋正課へのエネルギー小）がボリュームゾーンとなる蓋然性は高いと考えられる。

それでは、中堅大学で正課に落とすエネルギーが大きい学生は、どのような文脈で学びに意欲的になったのか、キャリアイメージの影響という切り口を念頭に置きつつ、具体的な物語をみていきたい。以下では、入学時の職業キャリアイメージが明確な学生の事例としてマリ、それが不明確な事例としてトオルとモミジの「学びの物語」をみていこう。

1．警察官になりたい――マリの場合

まず、入学時の職業キャリアイメージが明確な学生の事例として、警察官を志望するマリの事例を

図表2-2　正課へのエネルギー×入学時のキャリアイメージ

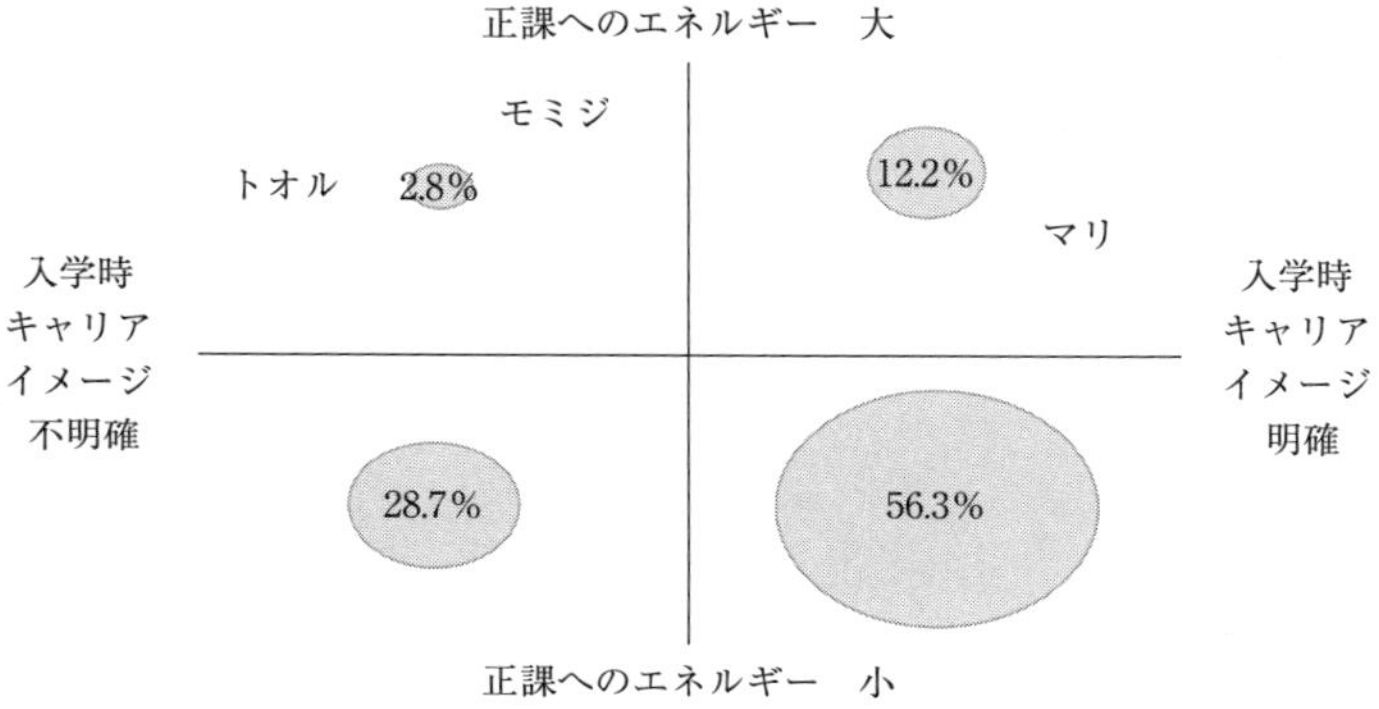

取り上げよう。

1.1　迷いなき大学選択

マリは、警察官を含む公務員への就職実績を有するM1大学のβ1学科に所属する学生である。マリがなぜそこに進学することになったのか、まずはその経緯からみていこう。

聞き手：なぜ、マリさんは警察官になりたいと思ったかってあたりも、ちょっと聞きたいんですけどどうですか？

マリ：まずはじめに、小学生の頃に、憧れで「警察官になりたいな」っていうのがぼやぁとあって、そこから警察官をいろいろ調べていくうちに、「やっぱ自分、警察官に向いてるかも」とか、ちゃんと警察官になりたいって確信に変わりました、憧れから。

聞き手：仮に警察官になることだけを考えたら、大学に行かなくても道はあったと思うんですけど、それが大学である意味みたいなことは何かありました？　自分のなかで。

マリ：私も最初、高卒から警察官になろうと思ってたんですけど、親に「やっぱ大学だけは行ってたほうがいいよ」っていわれたので、そこから警察官にいける大学を探していきました。

マリは、小学生の頃から警察官になることを夢みていた。その夢を実現するために当初は高校卒業後に警察官になることも考えていたという。すなわち、大学進学はもともと想定されていなかったということである。しかし、親からの「大学だけは行ってたほうがいいよ」という薦めにより「警察官になるために役立つ大学」を探したのだという。

しかし、単に「警察官になるために役立つ大学」ということでいえば、マリの地元である中国地方にも複数存在するし、全国でみれば選択肢は山のように存在する。にもかかわらず、関西圏に所在するM１大学（β１学科）を選択したのはなぜだろうか。

マリ：都会にまず出たくて。でも東京はちょっと都会すぎるから、都会すぎるし、ちょっと帰りづらいなと思ったので。うちから近い関西で考えてました。

聞き手：……関西にも大学はいっぱいあるんですけど、M１大学がいいなと思われた理由は何でしょうか。

マリ：……「警察官になりたいな」と思いながら考えていたところに、M１大学のβ１学科っていう学科があって、そこの学科でＳＤＧｓとか学んで、警察官になっても生かせるなと思ったので受けました。

聞き手：（β１学科は）警察官、消防士っていう職業に進む人が多いようで、α１学科に行く人と比べて、わりと職業意識がはっきりしてる人が多いようですね。ただ、ほかの大学にはそういう、マリさんのニーズを満たすような大学、あまりなかったんでしょうか？

マリ：最初まず、心理学部で探してたんですけど、大学探しで重視してたのが、将来に役立つかっていうことと、あと柔道をしているので、柔道部で活躍できるかっていうのを一緒に考えてたので、そこが一番ぴったりあったのがＭ１大学でした。

マリは、都会での生活への憧れからＭ１大学への進学を決めたのだという。関西圏に山ほどある大学のなかからＭ１大学を選んだ決め手は、「警察官になりたいな」というマリの職業キャリア願望を実現するのに「ぴったり」だったからであった。というのも、マリが進学したβ１学科は、「警察官、消防士っていう職業に進む人が多い」学科であることもさることながら、Ｍ１大学には関西有数の強豪であり、全国大会にも頻繁に出場し上位の成績を収めている柔道部があったのである。警察官になるには、柔術、剣術、逮捕術のすべてを修得することが求められるのだから、マリの目にはこの上ない環境に映ったことだろう。「警察官になりたいな」というマリの職業キャリア願望を、正課だけでなく正課外でも満たしてくれそうなのがＭ１大学β１学科だったのである。結果、高校時代から柔道をやっており県内でも上位の実力を有していたマリは、スポーツ推薦での入学を果たした。

1.2　必要以上には学ばない

マリの職業キャリアイメージは小学校時代から非常に明確であった。それでは、そのイメージの明確さは、大学入学後の学びにどう結びついていったのだろうか。マリは大学の授業について以下のように語っている。

聞き手：関心をもって授業聞けてました？
マリ：関心はありました。
聞き手：ありました？　面白くないなとは思わなかった？　大学の授業。
マリ：思った授業はちょっとありました。
聞き手：どのくらい？　たとえば一〇割のうちの何割ぐらいかは、そういう授業とかって。
マリ：でも、二割とか。二割ぐらいです。
聞き手：面白くないと思うもののほうがかなり少ない感じですね。ほかの授業は、基本的には「ああ、なるほど」っていって、内職もほとんどせずにやって、聞けてたってことですね？
マリ：はい。

マリは、大学の授業の大部分は関心をもって聞けていたようである。β1学科のなかで「真面目なほうにぎりぎり入るぐらい」だという彼女でさえそうであったということは、やはりディシプリンとの関連性が弱い一方で、特定の職業キャリアとの関連性が強いβ1学科だからこそ、その特徴が学生の授業に対する関心を担保しているのだといえよう。とはいえ、彼女が必要以上に大学での学びにエネルギーを落としていたかといえば必ずしもそうではなさそうである。

聞き手：成績ってトータルでいくと、「S」が多いとか、「A」が多いとか、「B」が多いとかあると思うんですけど、どんな感じですか？

マリ：「B」が多かったです。……ちょっと朝起きるのが苦手で。……お昼からは「B」か「A」かっていう感じで。

聞き手：朝のがちょっと悪くて、「B」が多くって、朝じゃなければ「B」よりも「A」が多い？

マリ：そうですね。

聞き手：そしたら、じゃあ普通の授業も、朝起きるのが苦手とかっていうだけであれば、きちんとテスト勉強もやって臨んだりとか、学習習慣、大学の授業で勉強するっていうことも、それなりにやったということでいいんですかね？　そこら辺も手を抜いてたっていうことはない？

マリ：ないです、はい。

マリの成績は、「B」が多かったのだが、その理由は「朝起きるのが苦手」だったからだという。その弱みは、職業キャリアイメージの強さでは克服できなかった。午前中の授業でなければ「B」よりも「A」が多くなるようであるし、大学での学びもそれなりに手を抜かずにやっていたようではあるが、必要以上に深く学ぶという経験はしてこなかったのは間違いあるまい。このマリの事例は、職業キャリアイメージの強さが、学生の授業に対する関心を担保することには寄与するのだとしても、より深い学びに対する関心を担保することには必ずしもつながらないことを示唆している。

1．3　居場所としてのゼミ

その一端が垣間みえるのが、大学での学びの象徴ともいえるゼミについての語りである。マリは、ゼミ担当教員について次のように語っている。

聞き手：C先生（筆者注：ゼミ担当教員）、まめに面倒をみてくれましたか？
マリ：はい。お母さんみたいな感じで。
……
聞き手：ちょうどいい距離感ですか。近過ぎもせず、遠過ぎもせずっていう。
マリ：はい。
聞き手：コロナの頃はどんな感じだったんですか？　Zoomで面談受けたりとか、そんな感じですか？
マリ：はい。Zoomでゼミを週一回やってて。「今日どんな感じ？」とか、「何か悩みない？」っていうのをいっぱい聞いてもらいました。

マリは、ゼミ担当教員のことを「お母さんみたいな感じ」だと表現する。週一回開かれるゼミでは、コロナ禍だったこともあるのだろうが、学生のメンタル面への配慮がなされている様子がうかがえる。その一方で、ゼミでの学びの内容については、マリの口から一切語られることはなかった。「大学の授業（ゼミ含む）が成長につながるような経験はあったか」と水を向けても、ゼミでの学びの内容が挙げられることはなかったのである。すなわち、マリにとってのゼミとは、「お母さん」のいる安心できる居場所ではあったとしても、少なくとも〈学校教育の枠組みを超えた学び〉が提供される場所ではなかったということだろう。

ただ、だからといって、マリにとって、大学での学びが否定的に捉えられているわけではない。マリは大学での学びをむしろ非常に肯定的に捉えている。次の語りをみてもらいたい。

聞き手：マリさんが、今、警察官になることが決まった段階で、四年間を振り返ってみて、やっぱりこの大学の授業のカリキュラムって良かったと思えますか？
マリ：思えます。
聞き手：思えますか。授業の何の満足度が高いですか？　授業の満足度が高いのか、授業の内容がそう思わせるんですか？
マリ：内容と、あと先生との距離とかも結構いいので、やっぱいいなと。

実はマリは、公務員試験対策のために専門学校にも通っていた。いわば「ダブルスクール族」だったのだが、自分の夢のために専門学校を必要としていたマリが「大学の授業は将来の役に立たない」という認識を抱いていないのはなぜだろうか。考えられるのは、マリが、専門学校のように特定の職業キャリアに対して即物的に狭い射程からアプローチするのではない、やや広い射程から、ときに少人数という手法でアプローチをとっている点に大学の授業の意味を見出していた可能性である。マリが経験した大学での学びが〈学校教育の枠組みでの学び〉と同義なのであれば、ダブルスクールで通った専門学校との差はその点にこそ現れよう。マリ自身、授業内容への関心、ゼミ教員との距離を良さとして指摘している。

ただ、もしかしたらマリのような学生には、それぐらいの〈学校教育の枠組みでの学び〉こそ歓迎される側面があるのかもしれない。というのは、〈学校教育の枠組みを超えた学び〉、ひいては〈大学固有の学び〉は、自分自身で考える要素が増えるため、いわば「面倒くさい」。将来就きたい職業が決まっており、そこへの道筋が明確なのであれば、資格取得など就職のために必要な学びを邪魔するほどの面倒くさい学びには、必要以上に近づきたくないと考えるのが自然だからである。

マリの事例は、入学時の職業キャリアイメージが明確な中堅大学生が正課に意欲的に取り組む場合、どのような学びが展開されるのかを知るための糸口を示してくれる。すなわち、職業キャリアイメージの明確さは〈学校教育の枠組みでの学び〉との相性が非常に良く、イメージの明確な学生はその学びで十分満足できるがゆえに、〈学校教育の枠組みを超えた学び〉、ひいては〈大学固有の学び〉まで求めにくくなることを教えてくれるのである。

2．つまらない授業に耐える――トオルの場合

次に、入学時の職業キャリアイメージが不明確な学生の事例として、トオルの事例を取り上げよう。先述のように、入学時のキャリアイメージが明確な学生は多いが（図表２－２参照）、だからといって入学時の「職業」キャリアイメージが明確な学生が多いとは限らない。とくにディシプリンとの関連性が強い一方、特定の職業キャリアとの関連性が弱い学科に所属する学生には、入学時の「職業」キャリアイメージが不明確な学生が少なくないと考えられる。トオルはその典型ともいえる学生である。

2.1　好きを活かした大学選択

トオルは、先のマリと同じくM１大学に所属する学生であるが、ディシプリンとの関連性が強い一方、特定の職業キャリアとの関連性が弱いα１学科の学生である。トオルがそこに進学することになった経緯とはいかなるものだったのだろうか。まずはその点からみていこう。

聞き手：M１大学のα１学科に進学したいと考えられたのは、いつ頃からでしょうか？

トオル：高校三年生のオープンキャンパスの時期で、もともと「社会」科目がすごく好きで、大学に進学してからも自分の得意分野を活かせる大学や学科に進学したいなと思っていたので、そのときにこのM１大学（に当該学部）が最近設立されたっていうことを知って、興味をもち

ました。

……

聞き手：この学部にはα1学科とβ1学科と二つありますけども、今さっきおっしゃった志望動機からするとα1学科のほうに自然になるという、そんなイメージですか？　β1学科って、警察官とか消防士になる人が圧倒的に多い学科ですから、社会のことを広く学ぶっていうより、特定の目的に向かって突き進んでいくようなイメージが私なんかにあるんですけど。あまりどっちにしようかっていうんじゃなくて、α1学科にすっと決まったっていう感じですか？

トオル：そうですね。パンフレットをみて、α1学科とβ1学科の二つがあるっていうことを知ったのですが、β1学科はどちらかというと、警察官や消防士さんといった特定の仕事に偏っているというか、それになりたい人たちが集まる場所だと思っていたので。そうではなくて幅広い進路というか、幅広い分野を学べるα1学科のほうが、自分のなかでは適しているのではないかなと、そう思いました。

「もともと「社会」科目がすごく好き」だったトオルは、その好きを活かした大学選択をしたいと考えていた。そのため、「社会」を冠する「社会学部系学部」は、トオルの目にはさぞ魅力的な学部に映ったことだろう。地元から通えることを前提として、同じく「社会学部系学部」を有する産近甲龍ランクの大学を第一志望とするも、そこには落ちてしまったため、偏差値ランク的にはそこよりは少し下のM1大学に公募推薦で入学することになった。ここでM1大学といってもいずれの学科を選択するかが問われるのだが、高校時代にはなりたい職業がとくになかったというトオルは、特定の職業キャリアとの関連性が強いβ１学科ではなく、「幅広い進路というか、幅広い分野を学べる」α１学科を選択した。

2.2　つまらないのに学ぶ

このように、トオルは、「もともと「社会」科目がすごく好き」だったことと、入学時の職業キャリアイメージが不明確だったこともあって、Ｍ１大学の「社会学部系学部」のうち、ディシプリンとの関連性が強い一方、特定の職業キャリアとの関連性が弱いα１学科で学ぶことを選択した。それでは、トオルはそこでの学びをどのように感じていたのだろうか。トオルは大学の授業について次のように語っている。

聞き手：内容的には総じて面白く聞けてる、面白いというか関心をもって聞けてるか、あるいはつまらんな、はよ終われよっていうふうに思うかっていうと、どっちですか？
トオル：つまらない時のほうが多いかもです。……三対七で七がどちらかというと退屈だと思うシーンが多かったかと。
聞き手：ということは、基本的にはトオルさんは、大学の授業はあんまり面白くなかったというふうなことですか？
トオル：そうですね。なかにはとても面白い授業とか、聞いていてすごく「あぁ、なんかそういうことなんだな」みたいなっていう、学べる驚きとかそういう刺激になる講義もなかにはあったりしたんですけれども。それ以上に、これを勉強していったい将来、社会にどうつながっていくのかっていう思いで聞いてはいました。

聞き手：役に立たなそうな感じがすることが、そう思わせる原因ですか？

トオル：つまんないってか、そんな感じです。

トオルは大学の授業の大半はつまらないと感じていたのだという。そう思わせるのは、学びの内容が自分の卒業後の職業キャリアにどうつながっているのかがわからないからである。ディシプリンとの関連性が強い学科だと、どうしても学びの内容がディシプリン中心となってしまい、卒業後の職業キャリアとの関連性は希薄なものとなりがちであるため、ディシプリン自体に関心がもてない学生は、正課にエネルギーを落とせなくなるという構造になっている。しかもトオルの「社会学部系学部」に対する認識は、「社会について幅広く学べる」学部であり、「社会学」を学ぶ学部との認識はほとんどなかった。そんなトオルのような学生がα1学科の授業をつまらないと感じるのも無理はない。

トオルがつまらないと感じていたのは学びの内容だけではない。学びの方法もまた、トオルをつまらないと感じさせるものだった。トオルは以下のように語っている。

聞き手：もともと大学の授業に対して期待していたものってありますか？

トオル：もっと積極的に、たとえばグループディスカッションとか、そういう自分の意見を話せる場が増えたらなっていう思いではありました。高校時代、それまで板書に書いてあることをメモして、頭のなかに入れていく感じだったので、大学はそうじゃないのかなと思ってたんですけども、大学でもレジュメが配られていて、そこに教授が話したことを穴埋めしていくっていう、どっちかっていうとそれまでの学校生活の延長線だったので、ちょっとつまらないなというか、これ何のために勉強してるのかなっていう思いは最初はありました。

この語りを、トオルが、方法面において〈学校教育の枠組みを超えた学び〉を求めていたとみることもできよう。すなわち、高校教育までのように知識をインプットするのに終始するのではなく、インプットした知識をもとに「自分の意見」をアウトプットするような「大学らしい」学びを求めていたのではないか。しかし、トオルが経験した大学での学びは、やはり知識をインプットするのに終始しがちな「それまでの学校生活の延長線」にあるものだった。しかもＭ１大学では、知識インプット型の典型ともいえる「教授が話したことを穴埋めしていく」ような授業も少なくなかったようである。トオルは、大学においても結局展開される方法面での〈学校教育の枠組みでの学び〉を前に、「何のために勉強してるのかな」とつまらなさを感じていた。

このように、学びの内容だけでなく学びの方法によってもつまらないと感じられる状況下にあって、正課に落とすエネルギーを最小限のものとする「戦略」をとる学生は多いだろう。しかし、トオルがそうした「戦略」をとることはなく、正課に落とすエネルギーはむしろ人並み以上に大きいものであった。それが端的にみてとれるのが成績である。

トオルの成績は学年進行に伴い右肩上がりに上昇していく。すなわち、一年生の頃は「A」と「B」が多かったようであるが、二年生になると「S」がちょくちょく出始め、三年生の頃には「S」が半分ぐらいあったそうだ。トオルの言葉を借りれば、「それこそ高校時代とかのような感じで、学校で勉強したことを家とか図書館で勉強して、テストを受けて、それなりの評価をもらうっていう感じ」だった。先述のように、トオルは授業の大半をつまらないと感じており、普通であれば学びの動機づけは減じられそうなものであるが、彼はどのようにそれを維持していたのだろうか。

聞き手：お話を聞いてると、面白くないと思ってるわけじゃない？　面白いと思ってそうしてるならわかるんですけど、面白くないと思ってるのになぜそこまでするのか、しかもそこが将来のキャリアとも切断されてるはずなのになぜそうできるのかっていうの、聞かせてもらっていいですか？

トオル：わかりました。学年によって心境が変化していってて、一年生の頃は普通に危機感っていう、とりあえず大学の先輩から「落単しちゃ絶対駄目だよ。一年生の頃に落単してたらそれが習慣づいてしまって、二年生でも三年生でも落としてしまうよ」っていわれて、その危機感から勉強してました。慣れてき始めた二年生、三年生の頃は、成績上位者になると奨学金を得られるっていうことがあったので、それを目標に勉強をしていたのと、あと就職活動で四年生までに単位を消化しておいたほうが就活動きやすくていいよって先輩からのアドバイスとかもあったので、それをモチベーションに勉強していました。

聞き手：なるほど。奨学金はもらってなかったけど、条件をクリアすればもらえるようになるっていうことですか？

トオル：そうです。成績上位三名とか四名ぐらいを目指してって感じでした。

トオルの学びの動機づけは、いわゆる外発的動機づけによるものだったと解釈することができるだろう。すなわち、一年生の頃は単位を落とすことに対する危機感によるものであったが、二、三年生の頃になると奨学金を獲得する条件を満たすためへと変化していく。最終的にその奨学金獲得の条件を満たすことはできなかったそうだが、それを目指すことで授業の大半をつまらないとは感じつつも学びの動機づけを維持することができていたことは強調しておきたい。加えてその学びのありようが、くしくもトオルが「高校時代とかのような感じで」と表現したように、〈学校教育の枠組みでの学び〉であった点も留意したいところである。

そのようなトオルだが、大学での学びの象徴ともいえるゼミには「かなり自分のなかでは力を入れてきた」という。ゼミ教員は、マスコミ等で知られる著名な官僚出身の実務家教員である。そのゼミでいよいよ〈学校教育の枠組みでの学び〉を超える経験ができたのか。こうした期待をもちつつ調査を進めたが、残念ながらトオルの語りに、そのような側面をみることはできなかった。ゼミ教員から「いい影響を受けた」という言葉こそみられたが、その理由として挙げられたのは、ゼミ教員が現場や組織、制度に詳しいという点だった。

トオルは、私たちの「ゼミ担当教員は〈学生に事細かに指導することがない〉放牧型か？　それとも

（学生に事細かに指導する）調教型か？」との問いに対し「放牧型」と回答する。卒業論文こそ「いろいろと相談に乗っていただいたり」しているらしいが、少なくともインタビュー調査時点までに、トオルがゼミ教員と大きく関わることはなく、それゆえ「力を入れ」る学生だったとしても、劇的な何かが起こるということではなかったのだろう。

2.3 卒業後の職業キャリア選択

さて、トオルの話を締めくくる前に、入学時の職業キャリアイメージが不明確だった彼が、卒業後の職業キャリア選択をどのようにしたのかについての話をしておこう。

後に示すように、「大学は就職活動のためのキャリアとしか考えていなかった」トオルの語りには、端々に「就職」という言葉がみられ、卒業後の職業キャリアに対する並々ならぬ関心の高さがうかがえる。たとえば、トオルは一年生の頃からボランティアサークルに入り、活動を行っていたのだが、それも「就職活動でボランティア経験は有利に働く」と見聞きしたからである。トオルは最終的に公務員という職業を選択したが、その選択に至ったのは、三年生の秋から冬頃だった。そのプロセスをトオルは次のように語っている。

トオル：夏インターンの時は、幅広く業界をみていきたいなと思っていたので、公務員だけじゃなくて金融であったりとか製造とか、あとは証券とか、本当に幅広くみていこうっていうスタンスだったので、その三年の夏の時点で公務員になりたいなっていう思いはなかったです。ただ、働いてみたいと思ったのは三年生の秋から冬ぐらいにかけてです。

聞き手：ということは、インターンはいろんなものに参加されてってことですか。そのときに、なぜ市役所なり公務員が良かったんですか？

トオル：さっき出てきた、秋から冬にかけてっていう話になったんですけれども、私の尊敬する先輩が市役所職員で働かれているっていうことを知りまして。その方からいろいろお話を聞いて、僕もその人のようになりたいなっていう思いもありましたし、市役所の業務もすごくやりがいや魅力を感じたので、市役所職員になりたかった。それが三年の秋から冬ごろにかけてっていう感じです。

聞き手：僕はてっきりボランティア活動サークルのあたりが関係しているのかなとか、あるいは大学のカリキュラムが関係してるのかなとかっていうふうに思いもしたんですけど、そういうわけでもなくですか？

トオル：でも、今そうおっしゃっていただいたのを思い返すと、二年生の頃に自治体に政策を提言する場面、機会、それを軸とするゼミに参加して、もしかしたらその時から市役所職員とか公務員にちょっと関心を少なからず、ゼロではないですけど、もっていたのかもしれないです。

公務員というキャリア選択は、M1大学のβ1学科ではメジャーである一方、トオルの所属するα1学科ではむしろマイナーである。[6] α1学科に公務員というキャリアへの関心を喚起するような正課による学びの機会はなくはないが、以上の語りが示すのは、トオルの職業キャリア選択に強い影響を及ぼしたのは、ボランティアサークルに所属していた先輩だということである。その先輩は市役所職員として働いており、その先輩から話を聞くなかで、トオルには市役所職員になりたいという思いが募っていった。

トオルは入学時の職業キャリアイメージが不明確であり、だからこそ特定の職業キャリアとの関連性が弱いα1学科に入学した。そんなトオルにとって卒業後の職業キャリアとα1学科における学びの内容との関連性は総じて希薄なものだったといえるだろう。インタビュー調査の最後に、改めて大学での学びの意味についてたずねてみた。

聞き手：市役所に内定が決まった今から振り返ったときに、これまでの学びはその観点からいくと意味があったと思います？　なかったと思います？

トオル：ないかなと思います、たぶん。そもそも（公務員）試験とかそういうのでも出てこなかったりとか、扱われなかったりとかするので、今思うと、その授業は単位取得のため、卒業のために受講していたっていう、そんな感じです。

……

聞き手：公務員試験の勉強を通して大学の学びを振り返ってみると、結構面白いことやってんなというふうなことになって、そっち（筆者注：大学での学び）に関心をもてるようになったみたいな語りをする学生さんがいたんですけど、トオルさんは公務員試験の勉強やられて就職活動も終えて、今やっぱり大学の学びを振り返ってもあんまり意味なかったなって思うということでいいですか。

トオル：そうですね。本当にもともと入学前も、大学は就職活動のためのキャリアとしか考えていなかったりとか、もちろん「社会」という科目には興味あったけれども、そういう学歴という意味合いももってたりしたので。今思うと、大学時代の学びがすべて無駄だったってわけではないですけども、無駄なところもあったかなっていう感じではあります。

正課には意欲的に取り組んだ。しかし、その正課での学びは、Ｍ１大学に入学する前にトオルが抱いていた「就職活動のため」のものという考えを覆すほどのインパクトをもちえなかった。それまでの非常に否定的な語り口から一転、「大学時代の学びがすべて無駄だったたってわけではないですけども」という取り繕うような語り口が、逆にそのインパクトの弱さを物語っているようにすら感じるのは筆者だけではないはずだ。

このようなトオルの事例は、入学時の職業キャリアイメージが不明確な中堅大学生が正課に意欲的に取り組む場合、どのような学びが展開されるのかを知るための糸口を示してくれる。すなわち、そのイメージが不明確であるがゆえに、卒業後の職業キャリアを強く意識する学生には、〈学校教育の枠組みでの学び〉にすら意味を見出しがたく、それより先に進もうとする意欲が芽生えにくくなることを教えてくれるのである。

3．もっと学びたい——モミジの場合

最後に取り上げるのは、トオルと同様に、入学時の職業キャリアイメージが不明確であるモミジである。しかし、トオルとモミジとの間には若干の違いがある。二つほど挙げておこう。第一に、入学時の職業キャリアイメージはもとより、入学時のキャリアイメージ、すなわち、「将来こういう風でありたい」というイメージも不明確であったトオルに対し、モミジはそのイメージを「地元への愛着」という点でおぼろげながら描いていたという点である。第二に、ディシプリンとの関連性が強いα1学科に入学したトオルに対し、モミジはその描いていたイメージに沿った内容について学ぶことができるβ2学科に入学している。

では、モミジが意欲をみせた正課の学びはどのようなものだったのか。具体的にみていくことにしよう。

3．1　学びの内容を重視した選択

モミジはM2大学のβ2学科に所属する学生である。モミジがそこに進学することになった経緯からまずはみていこう。

聞き手：この学部をなぜ選ばれたんでしょうか？

モミジ：「将来の夢はこれ」っていうのがなくて、四年間でみつけられたらなっていう気持ちが、まず一番にあって、「社会学部系学部」っていったら広いじゃないですか。だから、就職先のグラフをみたら、いろんな方向に就職されてたので、ここが一番いいんじゃないかなっていうのが一番の理由です。

……

聞き手：モミジさんはβ2学科のほうに進学したわけですが、α2学科は選択肢として頭にはありませんでしたか？

モミジ：なかったですね。説明会に行った時も、どっちも話を聞いたんですよ。だけど、地域問題に特化してとか、対人で課題をみつけて解決していくっていうのがβ2学科だったので、私はそっちにぎゅっと惹かれていって、α2学科はなかったですね。

モミジは、入学時の職業キャリアイメージが不明確であるがゆえに、特定の職業キャリアに将来を限定されない「社会学部系学部」を選択している。ただ、選んだのは、ディシプリンとの関連性が強いα2学科ではなく、特定のテーマとの関連性を意識するβ2学科である。「地元への愛着」が強いモミジは、「地域問題に特化してとか、対人で課題をみつけて解決していく」という学びの内容を重視したのである。この条件に合致する大学はほかにもあったが、受けたい授業（地元である京都の文化に関する授業）があったことが最終的な決め手となり、M2大学β2学科を第一志望にしたという。入学時の職業キャリアイメージこそ不明確だったが、「地元への愛着」を根底に、テーマや具体的な授業を考えての学科選択を行っていたことからもうかがえるように、モミジは大学での学びを強く意識し、熱心に向き合った。このように書くと、そもそもモミジは高校時代から学びに対する親和性が高かったのではないかと思われるかもしれないが、そうではない。モミジは「高校のときは、一番勉強してないといってもいいぐらい全然勉強してなくて」と述懐する。モミジの学びに対する姿勢は、なぜ大きく変わったのだろうか。

聞き手：モミジさんの語りを聞いていてずっと気になっているのが、「高校時代、勉強が好きじゃなかった」という話をしているじゃないですか？　勉強が好きじゃなかったモミジさんが、大学の話になると一転、勉強が好きなような語り、勉強というか、学びが好きなような語りをしているイメージがあるんですけど、この辺の違いがなぜ生じているのかというのを、モミジさんの口から話してもらえますか？

モミジ：今聞いて、私も、勉強というか、学びに対する姿勢は、高校とは全然違うなって感じたんですけど。……高校のときは、卒業できたら、進級できたらとかいうのが漠然とあって、自分のなかで、親が行かしてくれてるというのも多分大きかったと思うんですけど、適当にこなすじゃないけど、そういう生活を送ってました。大学に入って、奨学金を借りて行ってまして、バイト代から学費を半分出してるんですよ。だから、やっぱり金銭的な問題もあると思うんですけど、自分でちゃんと払ってるから、自分がそれ相応のものを吸収して、ここに入って良かったなって思いたいなっていうのがあって、結構自発的に取り組むように意識してますね。

聞き手：なるほど。それは、学びたくて学んでいる感じなのか、学ばなきゃいけないという強迫観念みたいなので学んでいるのかどっちですか？

モミジ：入った頃は、正直な話、「学ばないと」っていうのが強かったんです。最初は、「学ばないと」って思ってたんですけど、やっぱり一か月、二か月とかして、もっと学びたいって思えるようになって、授業も深く入り込んだところまで学べたり、今まで知らなかったこととか、家に帰って、両親とかに、「こういうのって、こういうこともあるんやって」みたいなのをすごくいってて、「人に新しいことを教えてあげれるって、うわっ、楽しい」と思って。なんで、最初は、「やらな」って思ってたんですけど、今は、「学びたい。自分の新しい知識を入れたい」っていうのでやってます。

モミジの大学での学びに対する関心は、入学当初こそ、コスト意識もあって「学ばないといけない」という強迫観念めいたものだった。それが入学間もない時期に「学び自体の面白さ」に根拠づけられるものへと変容していることがわかるだろう。モミジの学びを刺激してくれる授業は全体の八割にも及んでいたといい、単位をとるのに求められる以上のエネルギーを落としていたようである。モミジは、それでも単位を落としたことがいくらかあったそうだ。ただその際にも、自分の何がダメだったのかを明らかにすべく、担当教員の研究室を訪ねたという。

これだけ熱心に学んでいるのであれば、さぞ学びによる成長をモミジは感じていることだろうと期待してしまう。しかし、大学時代の成長についてたずねたところ、モミジが強調したのは、アルバイトでの人間関係構築力、リーダーシップに関するものだった。なぜ大学での学びを挙げなかったのか。

聞き手：さっき、成長したと感じた瞬間という話のときに、アルバイトの話ばかりが出てきましたよね。大学の授業をそこまで肯定的に捉えていて、エネルギーもしっかり落として頑張っているにもかかわらず、大学の授業では成長したと感じるようなことはないんですか？

モミジ：でも、やっぱり大学の授業は全部対面で受けたかったなっていうマイナスの気持ちが入ってしまって、対面だったら、その場でもっと質問できたりとか、参加型でもっともっと面白かったんじゃないかなっていうのがあるんで、多分そこが引っかかってます。

聞き手：なるほどなるほど。対面だったら、学びがもっと得られて、学びに対する満足感とか、成長した実感がもっと得られていたんじゃないかということですね。

……

モミジ：私は勉強があんまり得意じゃなかったので、すごく必死に勉強して、やっと入って通えるようになった学校なのに、ウイルス（筆者注：コロナの意）なのは仕方ないですけど。でも、授業も、私のなかで、「この授業がすごく聞きたくてβ2学科に入った」っていうのもたくさんあって、その授業がオンデマンド、だから、一方的に先生が録画でしゃべってて、質疑応答とかもできませんし、「なんだかな、こんなはずじゃなかったのにな」って、すごく思ってました。

モミジがアルバイトを挙げたのには、コロナ禍が大きく関係している。二年生の前期から対面の授業はまったくなくなり、三年生になっても対面が許されたのはゼミだけで、その間のオンライン授業のほとんどはオンデマンドで提供されたことが関係していたのである。コロナ禍でなければという残念な気持ちは拭えない。

3.2　頑張ったゼミでの学び

とはいえ、三年生になると対面でのゼミが許されたことで、モミジの有り余る学びに対するエネルギーはここに注がれていく。モミジが所属したのは、都市・地域と環境の問題を考えるゼミである。

聞き手：いわゆる「学び」と呼ばれるものの、自分でやった学びでもいいですけど、これはかなりエネルギーを落としましたということは何かありましたか？
モミジ：やっぱりゼミが一番エネルギーを使ってるなと思います。
聞き手：それは具体的に何をしたことを指しますか？
モミジ：……うちの先生のやり方なのかもしれないですけど、ゼミって、先生はずっと黙っておられて、自分たちで授業を進めていくっていうのをやってて。なんで、やっぱり自分たちが黙ってると一時間半何も進まなかったり。私のゼミは一二人いるんですけど、全員が全員私みたいな性格じゃないので、静かな子とか集団行動の苦手な子とかもいるなかで、やっぱり私っていつも進行役に勝手に回ってて。なんで、そういうのも含めて、「自分が授業をやってる」じゃないけど、それはいいすぎですけど、そういう思いがあるので、ゼミは一番頑張っています。

おそらく意図的なのであろう、モミジが所属するゼミの担当教員は、見守り役に徹している。そのため、少なくともモミジにとって、ゼミが〈学校教育の枠組みを超えた学び〉を経験する場になった蓋然性は高い。「ずっと黙っておられ」る教員の前で「自分が授業をやってる」ほどのパフォーマンスをするとなれば、かなり頭を使うことになるからだ。また、モミジのゼミではアンケート調査を実施する経験を積むが、アンケートとは何か、どう作るか、どう分析するかというのも、別途社会調査の授業でアンケートを学んだモミジが、ほかのメンバーに教えたそうだ。正解のある学びをただ受動的に行う〈学校教育の枠組みでの学び〉から一歩踏み出す経験を積んでいたことが推察される。

しかしながら、だからといって〈大学固有の学び〉にまで到達したかといえば、その判断は難しい。四年間の学びの集大成として取り組んでいる卒業論文について、モミジは「（卒業論文執筆のために）論文を読んでて、毎日毎日新しい発見ってすごくできるので、自分がすごく成長できるなって思ってて」と語る。卒業論文に対する意欲を読み取ることができる一方で、この語りは先述の「今は、「学びたい。自分の新しい知識を入れたい」」という発言を思い起こさせる。「発見」が新しい知識の吸収にとどまるのか、それとも卒業論文執筆を進めるなかで重層的な根拠をもとに自らの意見を構築することまで意味するようになるのか。モミジのインタビュー調査が四年次の六月下旬に行われたため、結論づけることはできないが、とはいえ、モミジがゼミのなかで〈学校教育の枠組みを超えた学び〉を経験し、マリやトオルより〈大学固有の学び〉に近いところにいける可能性は指摘できるように思われる。卒業論文について、ゼミ教員から「自分なら、こう考えるな」という助言も受けはじめているという。「すごく親身」な指導だとも述べており、「自分が授業をやってる」時間とは別の成長が生じていることが期待される。

３．３　卒業後の職業キャリア選択の基準

さて、入学時の職業キャリアイメージが不明確だったモミジであるが、インタビュー調査を実施した際、すでに某食品会社に内定を得ていた。モミジの大学での学びとその職業キャリア選択はどのように関連しているのだろうか。モミジの話を締めくくる前に、その点についてみていくことにしよう。

聞き手：内定先の仕事も、やはり地元ですか。
モミジ：私は、やっぱり、京都が好きなので。「京都の本社」でまず調べて、内定先も京都が本社の会社、和菓子屋さんです。

……

聞き手：β２学科で学んだことが、これからの仕事に役立ちそうだというところはありますか？
モミジ：ありますね。β２学科も地域に特化したもので、私が就職する和菓子屋さんも地域活動に結構力を入れています。就職活動を進めていくなかで、面接を受けたいなと思う会社だったりを絞っていくなかで、地域に貢献してたり、地域活動にどれだけ力を入れているのかなって、そこで、β２学科で学んだことが、自分はほかの人よりも長けてる部分だと思えるので、それ

を考えてましたね。

モミジがＭ２大学β２学科を選択するにあたり根底にあったのは「地元への愛着」だったが、卒業後の職業キャリアを選択する場面においてもそれは変わらなかった。具体的には、「地元の和菓子屋さん」を勤め先に選んだのだが、なにも和菓子屋にこだわりがあったわけではない。Ｍ２大学β２学科における「地域に特化した」学びにおいて、「地域に貢献してたり、地域活動にどれだけ力を入れているのか」という視点をより強く自覚した点こそが、モミジが卒業後の職業キャリアを選択する基準となっていたのである。

こうしたモミジのケースは、大学での学びが卒業後の職業キャリア選択に寄与しており、卒業後の職業キャリアありきでの大学での学びではないという点において、マリやトオルのケースとは対照的だといえる。そして同時に、〈学校教育の枠組みでの学び〉を超え、〈大学固有の学び〉に近いところにいるようにも見受けられる。こうした違いをどう解釈すればいいか。最後にこの点について若干の議論をしておきたい。

4．考　察——中堅大学における学びの特徴

以上、入学時の職業キャリアイメージの明確さや、所属する学科のディシプリンとの関連性の強弱、さらに特定の職業キャリアとの関連性の強弱という点を含みながら、正課に落とすエネルギーがとく

に大きかったマリ、トオル、モミジの「学びの物語」を読み解いてきた。そこから浮かびあがった中堅大学生の学びの特徴を整理しよう。

まず、マリの物語からみえてきたのは、職業キャリアイメージの明確さは〈学校教育の枠組みでの学び〉との相性が非常によいということだった。警察官になりたかったマリは、それに役立つ学びを軸としたM１大学β１学科に進学し、同時に別途、専門学校にも通った。そのようなマリが大学で経験したのは、〈学校教育の枠組みでの学び〉だったといえる。ゼミも、居場所にはなっていたものの、正解のない課題へと関心を動かすような機能は果たしていなかった。あまりにも明確な職業キャリアイメージが、むしろ〈学校教育の枠組みでの学び〉に留まらせていた側面もあったように思う。資格試験に受かることが大事であり、かつ正解のない課題に取り組むという面倒な作業をしなくとも、理想の職業キャリアを実現できるからである。

一方、トオルの「学びの物語」からみえてきたのは、入学時の職業キャリアイメージが不明確であるがゆえに、卒業後の職業キャリアを強く意識する学生には、〈学校教育の枠組みでの学び〉にすら意味を見出しがたく、それより先に進もうとする意欲が芽生えにくくなるということだった。トオルは、入学時の職業キャリアイメージが不明確であるがゆえに、大学でそれを描きたいという思いを抱いていたものの、それがむしろ大学教育を低く評価するという帰結に至ったと捉えられる。とくにトオルの場合、「社会学」がどのような学問かという点を意識していなかったという点も大きかったといえるだろう。社会科科目が得意であることを活かせると考えて入学したというが、おそらく期待と違うと感じる場面にしばしば遭遇したはずだ。危機感や奨学金のために〈学校教育の枠組みでの学び〉に勤しむことはあっても、それを深めようとする、深める機会をみつける、深める機会を活かそうとする姿勢は生まれなかった。

他方、モミジの「学びの物語」からは、先の二人と異なり、〈学校教育の枠組みでの学び〉を超えていた様相がうかがえた。入学してしばらくは、コロナ禍の影響もあり、満足いく学びができなかったものの、ゼミでは、「自分が授業をやってる」ほどのパフォーマンスをみせ、卒業論文のために読む論文から得られる「発見」に刺激を受けている。卒業までに〈大学固有の学び〉に到達できたのかどうか見届けることはできなかったが、そこへの距離は、マリやトオルより明らかに近い。

では、モミジは、マリやトオルと何が異なっていたのか。ひとつの可能性として、本章の軸にも据えた「入学時のキャリアイメージがどの程度明確だったのか」という点が挙げられよう。すなわち、マリは極めて明確な職業キャリアイメージをもっていた。それがゆえに、マリはそうした「展望」に強く縛られてしまい、〈学校教育の枠組みでの学び〉に終始することになった。一方、トオルは、職業キャリアイメージはもちろんのこと、「将来こういう風でありたい」という「展望」すらもちあわせていなかった。しかし、「大学は就職活動のためのキャリアとしか考えて」おらず、大学教育は「展望」を与えてくれるところだという意識に縛られていたトオルは、ディシプリン重視のカリキュラムのなかで彷徨うこととなり、結果として〈学校教育の枠組みでの学び〉にすら意味を見出すことができなかった。

対してモミジは、職業キャリアイメージこそもちあわせていなかったものの、「将来こういう風でありたい」という「展望」を、「地元への愛着」という点でおぼろげながらもちあわせていた。モミジの場合、このおぼろげな「展望」が功を奏したのかもしれない。このレベルでのイメージであれば、緩い縛りだからこそ、どのような切り口があるのか探ろうとするだろうし、なにより「地元」、すなわち「地域」の問題は、「正解のない課題」の代表格ともいえるテーマである。だからこそ、自然に〈学校教育の枠組みを超えた学び〉へと誘われたというストーリーも想定されるのではないか。

とはいえ、看過できないのは、モミジの〈学校教育の枠組みを超えた学び〉が起きたきっかけである。「地元＝地域」への問題関心や地域貢献という「展望」が根底にはあるにせよ、授業の一端を担う、卒業論文の準備をしているという文脈にそれはあった。だとすれば、キャリアイメージのほかに、同等の、あるいはそれ以上に大事な要素があるという仮説も立てられよう。

その点を探るためにも、エリート大学の章に進みたい。エリート大学には、ノンエリート大学、中堅大学ではみられなかった〈大学固有の学び〉がいよいよ見出される。〈大学固有の学び〉を支えるものとは何か。エリート大学の三人の事例をみていくことにしよう。

注

1　たとえば、サークル文化は、ノンエリート大学では低調であることが知られている。なぜなら、ノンエリート大学は小規模大学に多く、サークル数が圧倒的に少ないからである。

2　全国的な傾向を確認しておくと、私立大学の場合、一大学あたりの平均学生数は約三、〇〇〇人で、学生総数が一、〇〇〇名以下の大学が三割弱、一、〇〇〇名超五、〇〇〇名以下の大学が五割強、五、〇〇〇名超一〇、〇〇〇名以下の大学が一割強、一〇、〇〇〇名超の大学が一割弱という分布になる。

3　なお、社会科学系は大学院への進学率が極めて低い。詳細については解説②を参照されたい。

4　前章に倣い、ディシプリン系学科はα学科、それ以外の学科をβ学科とした。

Book review

NOVEMBER
2024

11月の新刊

勁草書房

〒112－0005 東京都文京区水道 2－1－1
営業部 03－3814－6861 FAX 03－3814－6854
ホームページでも情報発信中。ぜひご覧ください。
https://www.keisoshobo.co.jp

明治大学人文科学研究所叢書

専門図書館における キャリア形成と人材育成

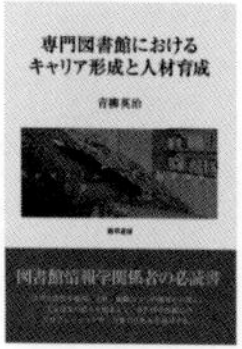

青柳英治

専門図書館職員を対象にそのキャリア形成と人材育成の状況を明らかにし、修得した知識・技術を担保し得る認定のしくみを検討する。

A5 判上製 216 頁 定価 5280 円
ISBN978－4－326－00062－3

動物のもつ倫理的な重み

最小主義から考える動物倫理

久保田さゆり

動物のもつ倫理的な重みとは。特定の倫理理論の応用ではなく、「最小主義」アプローチによる動物倫理の考え方を提示する。

A5 判上製 280 頁 定価 6050 円
ISBN978－4－326－10344－7

認識的不正義ハンドブック

理論から実践まで

佐藤邦政・神島裕子・

異端の鎖

シャブタイ・ツヴィをめぐるメシア思想とユダヤ神秘主義

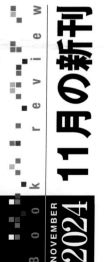

山本伸一

11月の重版

思考力改善ドリル
批判的思考から科学的思考へ
植原 亮

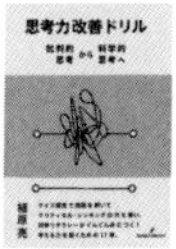

クイズ感覚で問題を解いてクリティカル・シンキングの力を養い、科学リテラシーがぐんぐん身につく！　考える力を磨くための27章。

A5 判並製 216 頁　定価 2200 円
ISBN978-4-326-10285-3　1 版 14 刷

新装版 アブダクション
仮説と発見の論理
米盛裕二

科学的発見や創造的思考を生み出す推論「アブダクション」を理解するための最良の書。今井むつみ氏による解説を付した新装版。

四六判上製 288 頁　定価 3080 円
ISBN978-4-326-15489-0　2 版 3 刷

アカデミックナビ
心理学
子安増生 編著

心理学検定に対応した全10章を、第一人者が丁寧に執筆。はじめて心理学を学ぶ人から、大学院入試の対策まで使える、充実のテキスト。

A5 判並製 424 頁　定価 2970 円
ISBN978-4-326-25115-5　1 版 4 刷

MSPA（発達障害の要支援度評価尺度）の理解と活用
船曳康子

一人ひとりの個人差を理解し、生活の場で「暮らしやすくする」支援のために。発達障害の新しい評価尺度の特徴と可能性を丁寧に解説。

A5 判並製 144 頁　定価 1980 円
ISBN978-4-326-25129-2　1 版 3 刷

KDDI 総研叢書 3
未来洞察のための思考法
シナリオによる問題解決
鷲田祐一 編著

未来の不確実性の

近代家族とフェミニズム
[増補新版]
落合恵美子

日本の〈近代家

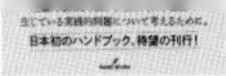

A5 判並製 288 頁　定価 3300 円
ISBN978-4-326-10345-4

A5 判上製 416 頁　定価 7700 円
ISBN978-4-326-10346-1

トルコ共和国のイスラーム教育と世俗主義

1940 年代から 1970 年代における宗教政策

上野愛実

世俗主義をとるトルコは、なぜ建国期に廃したイスラーム教育を再開し、必修化させるに至ったのか。その政教関係の変遷を検討する。

A5 判上製 296 頁　定価 6050 円
ISBN978-4-326-20068-9

児童虐待防止のための保護法制

佐柳忠晴

わが国の児童保護法制を俯瞰的に考察。独仏英の比較研究での国際標準の検討により、法制、実施体制の抱える課題を明らかにする。

A5 判上製 416 頁　定価 5500 円
ISBN978-4-326-40442-1

アメリカ「小さな政府」のゆくえ

トランプ、バイデンに継承されるオバマの決断

渋谷博史

アメリカが構築・維持してきた「小さな政府」のありようは、世界的な構造変化の中でどのように変容していくのか。政策再編の展開を鋭く読み解く。

A5 判並製 256 頁　定価 4180 円
ISBN978-4-326-50506-7

渡辺利夫精選著作集第 1 巻

私のなかのアジア

渡辺利夫

開発経済学・アジア研究において顕著な業績を残した渡辺利夫の著作集。主として開発経済学・現代アジア経済論に焦点を絞って構成。

A5 判上製 424 頁　定価 13200 円
ISBN978-4-326-54613-8

5　アンケート調査では、溝上（2008）の「二つのライフ」を参考に、「あなたの自分の将来についての見通し（将来こういう風でありたいという考え）とその見通しに関する状況について、「大学入学時」がどのようなものだったか、お答えください」とたずね、「見通しをもっていた ⇓ 見通しに関して何をすべきかわかっていたし、実行もできていた」、「見通しをもっていた ⇓ 見通しに関して何をすべきかわかっていたが、実行はできていなかった」、「見通しをもっていた ⇓ 何をすべきかわかっていなかった」、「見通しをもっていなかった」の四つの選択肢のなかから回答を求めている。このうち、「見通しをもっていなかった」を「入学時のキャリアイメージが不明確」と判断した。

6　β1学科における公務員のシェアは四分の一を超えトップであるが、α1学科におけるそれは一割にも満たず、四分の一程度のシェアを誇る「マスコミ・サービス」や「小売り」に大きく水をあけられている。

文　献

金子元久（2013）『大学教育の再構築――学生を成長させる大学へ』玉川大学出版部。

溝上慎一（2008）「調査にあたって／調査結果のまとめ」京都大学高等教育研究開発推進センター・電通育英会編『大学生のキャリア意識調査 2007 調査報告書』一－四頁、六一－一六頁。

溝上慎一責任編集、京都大学高等教育研究開発推進センター・河合塾編（2018）『高大接続の本質――「学校と社会をつなぐ調査」から見えてきた課題』学事出版。

山内乾史（2014）「大学生に求められる学力とは何か（その2）――学生文化論の視点から」『佛教大学教育学部学会紀要』第一四号、七七頁－九〇頁。

＊この山内論文は濱中科研の研究成果であるが、本章のインタビュー対象となった三名とは異なる二名を取り上げ論じたものである。本章（冒頭部分）、解説②、解説③と同一の記述、重複する箇所があることをお断りしておく。

【解説②】社会科学系の学びの特徴

山内乾史

高校以下と異なり、大学に入ると（飛び入学の学生などは除いて）一八歳以上に達しているから、法的にも成人年齢であり、行動、活動の範囲は飛躍的に広がる。統制され保護される立場から、自分自身で責任を負って自由に行動、活動することを求められる立場になる。

もちろん、学問領域によって自由の度合いは異なり、医療系の学部や自然科学系の学部はかなり「大学という場」に拘束されるであろう。その象徴的な例が自然科学系学部のいくつかの研究室でみられるコアタイム制である。民間企業であれば、コアタイム制とは、「必ず就業していなければならない時間帯」ということであるが、大学の場合には「研究室にいなければならない時間帯」ということで、平均的には七時間から八時間拘束されることになる。理工系では、多くの場合、四年生進級時に研究室配属が決まる。当然、それまでに相当数の単位を修得しているわけであり、単位数やGPAなどいくつかの指標を参照して進級の可否と研究室配属が決まる。そして、配属された研究室で卒業実験を行うのだ。

逆にもっとも緩いのが社会科学系である。多くの場合、ゼミに配属されるのは三年生進級時であるが、ゼミに所属しないことが許容される場合もある。たとえば筆者の前任校である神戸大学の経済学部、経営学部の場合であれば、例年、おおむね一割の学生がゼミに所属しない。またゼミに所属する場合でも、ゼミの拘束力は医療系や自然科学系とは比較にならないほど緩い。

もちろん、ゼミに所属しない場合でも、司法試験や公認会計士試験、国家公務員試験等、難関試験の突破を目指す学生、大学院への進学を目指す学生は、ほかの学問領域の学生同様に長時間の勉学にいそしんでいるであろう。ただし、社会科学系は大学院への進学率は極めて低い。たとえば、社会科学系全体では二・七％（二〇二二年度）であり、社会科学系大学中最難関で研究志向のもっとも強い大学のひとつである一橋大学でも一二・〇％（二〇二二年度）となっている。圧倒的多数の社会科学系学生にとっては、大学院進学は視野に入っていない。とくに中堅大学以下の大学生にとってはそうであろう。社会科学系の学生の大半にとって、大学は最終の教育機関というわけである。

医療系や自然科学系の学部で学生が「大学内での学び」に拘束されるのには、一定の合理性がある。学生は大学で学んだ専門性を将来の職場で活かすから、より専門性を深めるために、大学に拘束されて学ぶことには大きな意味があるのだ。たとえば機械工学を学ぶ学生の場合、おおむね機械工学のエンジニアとして就職する。特殊な例を除いて、電気工学や化学工学のエンジニアとなることはない。そしてこの学生が機械工学を学ぶ機会は、ほぼ大学の研究室にしかなく、大学外で学ぶ機会はまずないだろう。医学部医学科を出て医者になるとか、保健学部を出て看護師、理学療法士、作業療法士、臨床検査技師などになるとか、薬学部を出て薬剤師になるとか、教育学部を出て教師になるとか、専門職・技術職に就く場合には、研究室に拘束されて専門性を高めることには、学生にとって一定の合理性がある。国家試験、資格試験や将来の職業準備の観点から「大学内での学び」に深くかかわることは必要であろう。

ところが社会科学系の学生にとっては、そうではないケースが多い。なるほど、たとえば法学部を出て法曹の仕事につくとか、経済学部を出て銀行に就職するとか、政治学を学んで政治家になるとか、社会学を学んでマスコミに就職するなど、医療系、自然科学系に共通するパターンは散見される。だが、これらのケースは多数を占めるわけではなく、学部で学ぶ学問領域と職業で求められる知識・技術・スキルとの関係はかなり緩い。したがって、将来の職業に向けて準備するという観点からは、大学という場に拘束されることに、医療系や自然科学系ほど合理性を見出せない場合が多く存在する。この場合には、「大学内での学び」だけではなく、大学外の学習リソースを含めて取捨選択をして自らの学びをカスタマイズしていくことが必要になるのだ。そのカスタマイズのありようについては解説③で詳述しよう。

第3章　道を切り拓く
――エリート大学における学び

濱中淳子

エリート大学とは何か

本章では、エリート大学に所属する学生の学びの実態についてみていきたい。はじめに、エリート大学の定義をしておこう。

エリート大学の最大の特徴のひとつは、入学難易度の高さにある。少子化に伴う受験競争の緩和が指摘されているものの、エリート大学への入学をめぐる競争はむしろ激化しているという報道も見受けられる。学校推薦型選抜や総合型選抜の比率が上昇しているとはいえ、エリート大学の場合、そのルートでの合格も教科学力がなければ勝ち取ることは難しく、入学のための負荷はいまだ大きいといってよいだろう。その負荷の大きさについては、塾や予備校のウェブサイトに紹介されている合格のための学習量という指標でイメージすることができるかもしれない。旧帝大や有力私大に合格するためには、受験までに二、五〇〇～三、〇〇〇時間勉強する必要があり、およそ高校三年次には平日五～八時間、休日・長期休みは九～一〇時間ほどの学習時間をとらなければならないとされている。

過酷な競争は、合格したときの大きな満足度につながる。苦行を終えた解放感と、全国的に名の知れた大学に進学することができることへの興奮をかみしめながらキャンパスに通いはじめる学生たち。

ただ、必ずしもそれだけではあらわせない側面が一部で確かめられることも事実である。そしてそれは、とりわけ「所属学部」という点にあらわれる。すなわち、別の学部への進学を夢見ていたものの、合格しなかったため、合格できた学部に進学するというケース。その大学に入ることが第一目的となり、偏差値で受験先を決め、入学してから後悔するケース。指定校推薦入試（現学校推薦型選抜）でたまたま枠があった学部に、なんら関心がないにもかかわらず進学を決めてしまうケース等々。そしてこうしたケースに鑑みたとき、思い起こされるのは、米国の社会学者であるマーチン・トロウによる『高学歴社会の大学』（トロウ／天野・喜多村訳 1976）にみる議論である。トロウは、大学進学率上昇が大学に及ぼす影響を多面的に論じているが、そのなかのひとつに不本意入学問題をめぐる指摘がある。外的な圧力や拘束による不本意入学は、結果として、「教室のなかに、本心では大学にいたいとは望んでおらず、大学とすすんでかかわりあいをもったのでもなく、また大学の価値も正当性も認めようとしない」（トロウ／天野・喜多村訳 1976：31）学生を生み出すというものだ。

エリート大学では、トロウがいう「不本意」ほどのものが生じているとは考えにくい。ただ、所属学部や分野に自負や関心がもてないまま教室に座ることが何を意味しているのか。正課に熱心に取り組むこと、〈大学固有の学び〉にたどりつくかどうかということと、自負や関心がどうからんでいるのかというのは、かなり興味深い問いであるように思う。

各機関タイプ独自の切り口として、ノンエリート大学の章では「学習面での問題をどの程度抱えた状態で大学に入学したのか」、中堅大学の章では「入学時のキャリアイメージがどの程度明確だったのか」を設定した。エリート大学を扱う本章では「進学先にどれほど満足していたか」を設定してみたい。以下、三人の語りをみていくことにしよう。

インタビューの概要

インタビューを行ったのは、エリート大学に位置づけられる私立E大学に所属する学生である。E大学は、複数の社会科学系の学部とその他領域の学部も複数擁する総合大学であり、首都圏に位置している。もっとも古い私立大学のひとつであり、学生数は数万人規模、その名前は国内外に広く知られている。「学歴フィルター」(企業側が大学名を用いて行うふるい分け)によってE大学の学生が選考から外されるということはほとんどなく、それがE大学を志望する受験生の多さにもつながっている。

インタビューは二〇二〇~二〇二二年度に三四名に対して行った。四年生中心だが、二年生が二名含まれている。人数がほかの機関タイプより多いのは、調査実施期間が長いこと[1]、対象の候補となる学部の数がほかより多く、それぞれから複数名の対象者選定を試みたことによる。ほとんどの学生に二時間ほどの聞き取りを行ったが、なかには四~六時間ほどの聞き取りになったケースも含まれている。

最終的に対象となった学部の数は五つであり、いずれもディシプリンを重視した教育が行われている。α1学部~α5学部とすれば、α1学部が一六人、α2学部が六人、α3学部が四人、α4学部が六人、α5学部が二人という分布になる。はじめに筆者の知り合いであるα1学部の学生に調査対象者となってもらい、その後はその学生を起点としたスノーボール・サンプリングにて対象者を募った。α1学部の学生数が多いのはそのためだが、他方でα2学部~α5学部からも合計一八名の学生から聞き取りができていることは強調しておきたい。

図表３－１は、本書共通の切り口である「正課に対して落とすエネルギーがどの程度であったのか」を縦軸に、本章独自の切り口である「進学先にどれほど満足していたか」を横軸にとったものである。各象限には、アンケート調査に基づき、エリート大学において当該象限に位置づく学生の規模を楕円の大きさで示している。具体的には、縦軸については、これまでと同様、大学三年生以降の授業外学修時間で四時間を、横軸については、進学先として決定した大学・学部について、満足していたか否かを基準としている。[2]

この結果からいえば、エリート大学生の多くに、進学先に満足していながらも、入学後は正課に熱心に取り組まないという特徴が見出せることがわかるだろう。こうしたケースは、私たちのインタビュー調査でも多々みられた。ただ断っておけば、かれらはなにも最初からそのような四年間を願っていたわけではない。憧れていた大学に進学したからには、学業にも積極的でありたいと考えていた学生がほとんどである。しかし、ある者はサークルのほうがおもしろくなり、ある者は早起きするのがつらくなり、ある者は授業に不満をもつようになり、正課から距離をとるようになる。

こうした空気が大勢をしめるＥ大学において、正課に落とすエネルギーが大きな学生とはいかなる存在なのだろうか。そしてこうした学生は、どのような「学びの物語」を紡ぎだしているのだろうか。メイ、カズヨシ、リョウヘイの順に確認していくことにしよう。

図表３-１　正課へのエネルギー×大学・学部への満足状況

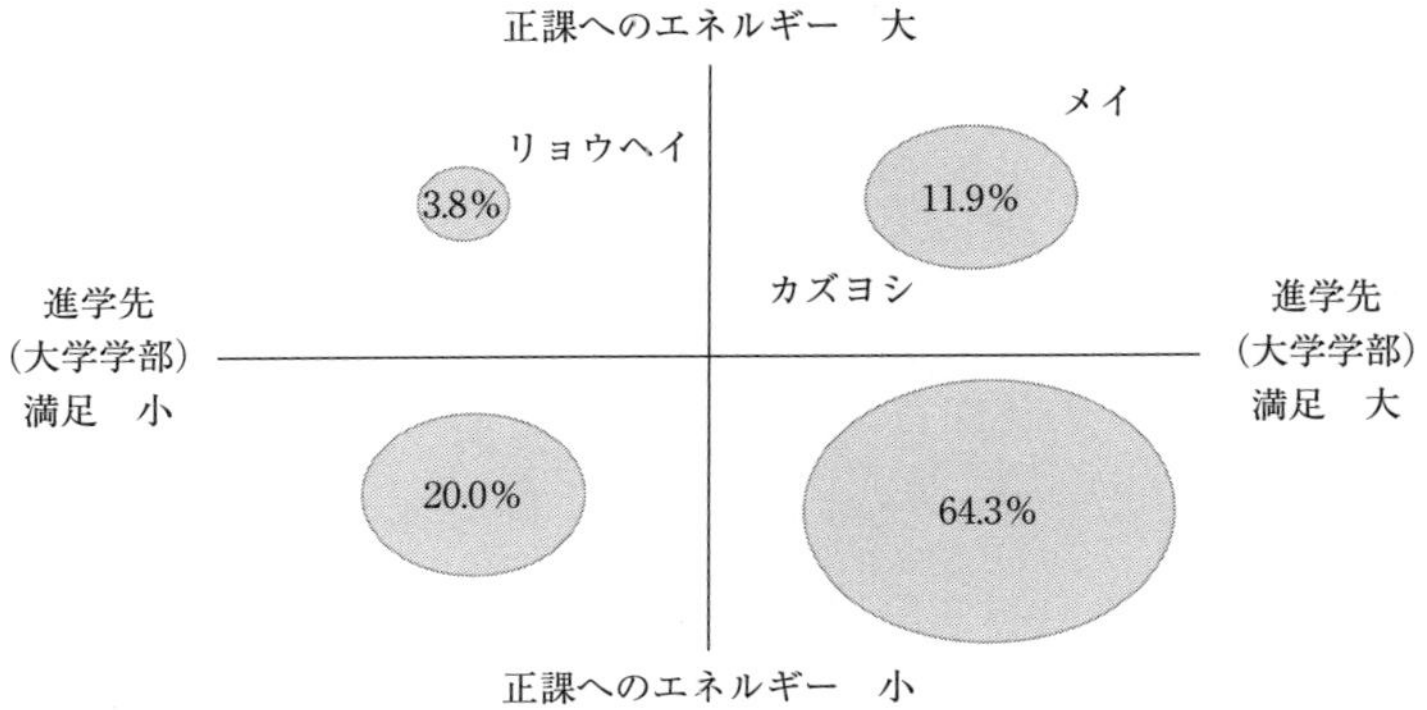

1．ゼミに全力投入したけれども――メイの場合

まず、志望どおりの進路をかなえ、満足する進学を遂げたメイのケースを取り上げよう。

1．1　オープンキャンパスで決意

メイは、とある地方の出身である。中学は地元の公立に、高校はその地域で二番手とされている進学校に通った。中高時代は、まさに「部活漬け」だったという。そのようなメイが、どのようにE大学に進学するようになったのか。この点を確認するところからメイの「学びの物語」をみていくことにしよう。

聞き手：部活動中心の生活を送っていて、なんでE大学に行こうと思ったんですか？

メイ：最初、考えていなくて。私の高校からE大学に進学する人もいなくて。実家を出たい、東京に行っ

てみたいというのはもともとあって、もうちょっと難易度的に低いところのオープンキャンパスに行こうとしたんですね。すると、母親から「E大学もやっているみたいだから、せっかくなら行ったら」といわれて。そのときは手が届く大学だと思っていなかったので、気乗りしなかったんですけど、行ってみたらすごく楽しくて。雰囲気に惹かれてしまって、そこからですね。

聞き手：それは高校二年生ぐらいですか。

メイ：そうです。高校二年生ですね。

メイは、E大学のオープンキャンパスに行く前に、別の二つの大学のオープンキャンパスに行っている。いずれも東京の大手私大であり、かなり人気のある大学だが、メイとしては「いまいち」という感想だったようだ。広い敷地じゃなかった、最寄り駅のにおいが気になったなど、あまりいい印象をもてなかった一方で、E大学のキャンパスは「きらきら」輝いてみえたという。「これが大学だ」。メイはE大学受験に向けた努力をはじめるようになる。

1.2　「フレッシュ」から「怠惰」へ

メイには、長らく抱いていた将来の夢があった。

メイ：親が幼少期から英語を習わせてくれたこともあって、ずっと英語の成績が良かったんです。

英検なんかも順調で、中学のときに英語の先生に「このままいけばすごく成長しますよ」っていわれて。それで、漠然と「将来は海外で働きたいな」「英語を使って過ごしたいな」って考えるようになって。自治体の海外派遣のメンバーに入れてもらったことも大きいですね。

聞き手：なるほど。もう少し具体的に教えてほしいんだけど、英語を使う仕事にしても、政治の分野もあれば、ビジネス、文化交流とか、いろんなものがあるけれども、どういうことに関心があったというのは、どうだったのか……。

メイ：あまりきちんと考えていたわけじゃないんだけど、途上国の援助なんかをイメージしていて。テレビとかでも、国際的な組織がそういう活動をしているのをみるのが好きで。

聞き手：何がきっかけだったんだろうね。

メイ：小学校とか中学校とかに通っていたときに、学校にＪＩＣＡの人がきてくれるとか、青年海外協力隊で活動していた人の話を聞くとか、そういうことがあったから、そういう人たちの話を聞いているうちに、私も……ってなったように思います。

しかし、実際に受験するという場面にたったとき、どの学部に進学するかは、メイにとって大きな問題にはならなかった。「Ｅ大学でいろんな人たちと出会いたい」「何を学びたいということではなかった」と振り返る。オープンキャンパスから一年半の間、頑張ったものの現役時に合格することができず、浪人生活へ突入、さらに一年間猛勉強し、Ｅ大学の四つの学部を受験した。結果、メイは社会科学系を広く学べるα５学部の合格を勝ち取る。学部のこだわりはなかったため、「納得の入学」だったという。

ただ、合格後に、メイは早速「しくじる」ことになる。大学受験に合格することを目標とし、その目標をクリアしたメイは、しばらくゆったりした時間を過ごしてしまい、新入生対象のオリエンテーションに参加することを忘れてしまう。

聞き手：一年生の春学期、一週間に授業を何コマ入れていたんですか？

メイ：マックス入れましたね。二〇コマ以上登録して。

聞き手：かなりヘビーだったんじゃないですか。

メイ：そうですね。私、合格の次の目標を考えてなくて、実家でだらだらしていて、オリエンテーションに行くのを忘れちゃったんですよ。それで単位の取り方とかがわからなくて、とりあえず埋めるっていう行動に出て。

聞き手：週五日で……。

メイ：二〇コマ以上。毎日授業ばかりで、きつかったですね。

きついのは、授業の数だけではなかった。「浪人のときに通っていた予備校の先生は、話がうまくて、授業が楽しくて。そのイメージで大学の授業を受けはじめたら、すごいつまんないと思ってしまっ」た。それゆえ専門の内容に「興味がわかなく」て、やはりつらくなったという。

聞き手：（四月はさすがに）新鮮な気持ちで授業に臨んでいた？
メイ：はい。「いよいよはじまるな」っていうのと、新しい人生っていうか、「第二ステージがはじまったな」ぐらいの。
聞き手：それが三週目ぐらいになると、どんな気持ちに……。
メイ：何だろう……。「怠惰」。「怠惰」。自分自身の状況ですね。携帯を結構みながら、授業を受けたりしていましたし。
聞き手：三週目にして？　一年生の春学期に、面白い授業っていうのは……。
メイ：なかったですね。うん。

とはいえ、このあとすぐに、メイは「面白かった授業は一つあった」と訂正する。課題に「映画を観てくること」というものがあり、新鮮だったという。授業後半に行ったプレゼンテーションで、担当教員から「スライドのまとめ方がうまい」とほめられたことも印象に残っているようだ。ただ、その授業によって、メイが自主的な学びをはじめたわけではなかったという点も付け加えておきたい。

1．3　ゼミ所属で学びに没頭

以上の描写をもってすれば、なぜ、メイが「正課に意欲的な学生」なのか、疑問もわいてこよう。メイが正課に並々ならぬ意欲をみせはじめたのは、ゼミに所属してからのことだ。

メイ：入学して時間がたって、ゼミを選ばなくちゃいけないというときに、私も説明会に行ったり、ＷＥＢサイトをみたりしたんですけど、そこでＤ先生のゼミのことを知って。
聞き手：Ｄ先生のゼミの何に反応したの？
メイ：大学に入ったときは、何を学びたいとかなかったんですけど、中高時代に国際系、とくに平和構築に関心があって。そのことを学べるゼミがあって、ここだって。ちゃんと私が学べる環境があったって、思ったんですよ。
聞き手：出会った、みたいなかんじなのかな。でも、国際系とか、平和とか、すごい人気があるような気がするんですけど。
メイ：そう、毎年人気です。私、ずっと勉強をサボっていたから、ＧＰＡがすごく悪くて。入れないんじゃないかと思っていたんですけど、希望者の面接があって、その面接でとってもらえたのかなって。とにかく熱い気持ちをぶつけたんで。

幼少期、そして中学、高校時代に抱いていながらも、大学受験を機に忘れていた夢がよみがえったというところではないだろうか。いずれにしても、ゼミの開始を機に、メイの学生生活は大きく変わった。ゼミではまず、課題図書としてかなり分厚い学術書を何冊か輪読した。なかには洋書もあったという。学術書のタイトルを聞くと、メイは即答した。それだけ課題図書を読み込んだということなのだろう。

ただ、メイの取り組みは、それだけではない。

メイ：あと、D先生の本は、ゼミに所属してしばらくのうちに、ほとんど読みました。
聞き手：ゼミで指定されたわけじゃなくて、自分で読んだってこと？
メイ　そうですね。
聞き手：授業への向き合い方が、がらっと変わりましたね。それだけ自分の関心とフィットしたっていう感じが？
メイ：そうですね。ゼミの紹介文を読んで「もうここだ！」と思ったので。だから、（本を読み進めるのは）結構楽しかったですね。
聞き手：じゃあ、入学してからしばらくは気乗りしなかったけれど、だんだん楽しくなっていった……。
メイ：そうですね。専門的に学べるようになってからは、授業が楽しくなって。
聞き手：D先生は、何冊ぐらい本を出していらっしゃるの？
メイ：何冊だろう。結構出していますね。全部は読み切れてないんですけど……。

メイから語られたゼミ教員の名前から、実際にどれぐらいの書籍を執筆しているのかを確認したところ、単著と編著をあわせて一〇冊ほどといったところだった。分担執筆まで含めれば、さらに数は増える。申告どおり「ほとんど読みました」というのであれば、学部生としてはかなり頑張っているほうだといえるだろう。

また、メイが所属していたゼミでは、D先生がフィールドとしている地域で学生たちも実地研修をすることになっている。実際に体験しながら学んだことはかなり刺激的だったようだ。書籍に学び、現地に学び、そうした生活を、メイは「楽しい」「好き」という言葉を何度も使いながら説明していた。

1.4　大学での学びで得たもの

ゼミに所属してからエンジン全開状態で学びはじめたメイは、〈大学固有の学び〉にどれほど迫れたのか。ゼミでの学び、そして得たものについて踏み込んで聞くと、次のような答えが返ってきた。

聞き手：要は、何らかの課題を抱えている社会、恵まれていない社会に対して、どのような援助ができるかということを考えるゼミということでよいですか。
メイ：そうですね。
聞き手：具体的にどのような援助を描いたのか、教えてもらっていいですか？
メイ：うちのゼミは、文献講読が終わってからはディスカッションに多くの時間をあてるようになるんですよ。それぞれが関心のある地域の話題を提供して、どうしたら問題が解決できるのかということを結構真剣に話し合うんですけど、やっぱり答えってでなくて。
聞き手：文献で学んだことやD先生からのアドバイスが参考になるということは？
メイ：D先生は「いままでの援助は西洋のスタイルをあてはめているということに注意しよう」

ということを確認する発言を適宜するというかんじで。

聞き手：なるほど。

メイ：援助の仕方もいろいろあるよねみたいな。そういうD先生からのアドバイスを聞きながら、問題点をみんなで話し合ったりっていうかんじで。

聞き手：答えがない世界について、視野を広げていくという感じ？

メイ　そうですね、うん。

ここで私たちが定義した〈大学固有の学び〉を振り返れば、重層的な根拠を用いながら、正解のない課題について自分なりの答えを抽出するというものだった。この定義を踏まえる限り、メイの学びは〈学校教育の枠組みでの学び〉は超えていても、〈大学固有の学び〉と呼べるものではないといえそうだ。答えのない世界について、視野を広げることはできた。けれども、重層的な根拠をもとに「自分なりの答え」まで到達することができていないからである。

メイのケースは、〈大学固有の学び〉を実現することがいかに難しいかを教えてくれる。ゼミ教員の書籍は読んだ。課題図書をしっかり読み、学ぶことの楽しさを感じていた。ゼミでのディスカッションにも意欲的に取り組んだ。それでも、「答え」は出ないのだ。考えてみれば、独学で学術書を読むことと〈大学固有の学び〉とのあいだには距離があるのかもしれない。学術書を執筆した研究者がなぜそのテーマを取り上げ、どのようにアプローチする方法を決め、複雑な問題をどう読み、特定の知見を抽出するまでどう悩み、なぜそれを選び取ったのか、そこまで読み込むことはかなり難易度が高い作業だからである。そもそも、これほどのことを学部の学生に期待できるのか。

メイはE大学で学んだことに満足している。浪人した意味もあったと捉えており、また海外の大学院に進学することも見据えている。

メイ：途上国の援助に繋がる国際的な資格というのもあって、いまそういう資格をとろうかな、ということは考えています。あと、何だろう、将来的には、専門的なスキルを磨いて国連などでやっぱり国際的な援助活動に携わりたいなって。なので、今後、海外の大学院で勉強したいなって思っていますね。

「資格」や「スキル」という言葉がならぶメイの語りは、いまだメイが〈学校教育の枠組みでの学び〉で自分の今後をイメージしていることを示唆しているようにも見受けられる。いずれにしてもメイの「学びの物語」からみえるのは、E大学の学生の場合、仮に大学入学直後につまずいたとしても、自分自身の力で〈学校教育の枠組みでの学び〉より先にいくことはできる。だとしても〈大学固有の学び〉を手にするためには、プラスアルファの何かが必要だということであるように思われる。

2．教員との禅問答のなかで――カズヨシの場合

次はカズヨシを取り上げたい。カズヨシもE大学への憧れは強く、それはメイと同等、あるいはそ

れ以上だったといえるかもしれない。その物語を高校時代からみていくことにしよう。

2．1　部活動に向けていた情熱を受験に

高校時代のカズヨシはサッカーで全国大会出場を目指していた。その生活はまさに部活漬けであり、勉強とは遠いところに身を置いていたという。平日は毎日夜まで部活。土曜、日曜も朝の九時から夜の一〇時まで部活。「とにかくサッカーに熱中」し、「勉強する時間がない」生活を送っていた。

カズヨシのサッカー生活は高三の夏に幕を閉じる。大きな怪我をし、日常生活に支障はないものの、サッカーを続けることは無理と医者からいわれたからだ。このときカズヨシは、「残ったものが何もなかった」ことに「危機感」を感じたという。その危機感から逃れるために決意したのが、E大学受験である。実はカズヨシは、ある私立大学附属高校に通っており、受験をしなくても、その大学への進学は保障されていた。にもかかわらず、受験を決意したのは「罪の意識」を消すためだった。

聞き手：どうして受験しようと思ったの？

カズヨシ：僕は全国大会出場だけでなくて、プロになることも考えるくらい、サッカーに入れ込んでいたんですね。それだけサッカーにかけていたというか。それで、全国大会に出られなかったら、サッカーをきっぱり辞める、諦めるって決めていて。で、実際に怪我で出られなくて、残ったものが何もなかった。すごく悔しいっていうか。とにかくサッカーに熱中していたんで、そこにすごく危機感を感じて、何でもいいから熱中できるものが欲しいっていう、夢を諦めた

罪の意識っていうか、それを消したいと思って。僕の成績だと、内部進学は問題なくできたんですけど、それだと罪悪感が消えなくて、サッカーをやめたときに、親に「受験させてくれ」って頼んで、それで受験しました。

カズヨシは、はじめからE大学をねらっていたわけではない。附属高校の系列大学よりは難易度が高いところを目指そうという気持ちで、塾に通いはじめたという。ただ、サッカーに費やしていたエネルギーをすべて勉強に向けたからだろう、カズヨシ自身「呼吸をしているあいだはずっと勉強していた」と表現するほどの取り組みを続けていくなか、わずか一か月で成績は急激にあがった。その様子をみた塾の先生からE大学受験をすすめられたそうだ。「これだったら、ちょっと狙ってもいいんじゃない？　っていわれて。考えてもなかったので、めちゃくちゃうれしかったです」。

その後の数か月間、カズヨシはとにかく受験勉強に励み、塾の先生が組んでくれたままE大学の複数の学部を受けた。「今日はこの学部の受験か。じゃあ、教科はこれとこれだな」という受験だったそうだ。そして塾の先生の作戦が功を奏したということなのだろう、カズヨシは見事にE大学の二つの学部から合格をもらい、立地の観点からα1学部を選んだ。進学先では、社会学の視点から教育のことを追究することになる。

卒業式の日、友だちからは「E大か！　すげーな！」と次々と声をかけてもらった。サッカーでは結果を残せなかったが、受験で自信を取り戻した。「頑張ってよかったな」。カズヨシは四月に大きな期待を胸にE大学の門をくぐることになる。

2.2 コンプレックスに向き合う日々とその終焉

E大学に合格することを目標に頑張ってきた。晴れてE大生になったカズヨシだが、時間が進むにつれ、コンプレックスを抱くようになる。

カズヨシの場合、半年間の突貫工事的な受験勉強で合格を勝ち取ったようなものだ。合格ラインはたしかに超えた。しかし、そうしたなかで合格できたのは、いわばE大学のなかでも低めの難易度のところだった。E大学内部の序列のようなものも徐々にみえはじめ、劣等感のような感情が芽生えた。

カズヨシ：いざ入学して、四月、五月、六月って（時間が）経つと「周り中E大生ばかりだな」って。膨大な数のE大生がいて、そのなかで自分って、全然頭が良くない。みんなE大に合格して当たり前。「α1学部なんてさぁ……」ということをいってくる人もいたんですよ。

聞き手：うんうん。

カズヨシ：そういうなかで、また劣等感みたいなのが芽生えちゃって。α1学部だということがコンプレックスになっちゃって。前はサッカーの穴を受験勉強で埋めたんですけど、このコンプレックスを「就活で挽回するんだ」と思って、会社を調べたり、イベントに足を運んだりっていうのをはじめたんです。

聞き手：一年のときから？

カズヨシ：そうです。企業のことを学んだり、そういうの。だから、大学の勉強っていうよりは、もう就職活動に合わせてやっていました。

ただ、この早すぎる就活が、カズヨシの意識を一八〇度変えることになる。

カズヨシ：（就活を通して）他学部の友だちもできました。

聞き手：どうだった？

カズヨシ：学部の序列って関係ないなって思いました。どの学部でも、やる人はやるし、やらない人はやらない。そのあたりからα１学部の劣等感っていうのはなくなりました。たまたま受かったっていうのもあるとか、縁があった学部で頑張ればいいとか、そう思えるようになって。

聞き手：入ってからどれだけやるかが勝負なんだな、みたいな気持ちになった？

カズヨシ：そうですね。「環境で自分のコンプレックスって取れないいな」って感じました。それで、自分の専門性みたいなものをきちんともたないと、って思うようになって。

カズヨシには年齢の近い兄がいる。そしてその兄のほうが、サッカーがうまかった。いつも兄と比べられ、カズヨシは「下手なほう」という目でみられていたそうだ。カズヨシは自分自身のことを「常に周りから「劣っているほう」といわれていて。おかげで負けん気という武器を手に入れたけれども、すごくコンプレックスを感じる体質になっちゃっていたのかなって」と振り返る。就活を起点に積み重ねた経験は、結果的にカズヨシをコンプレックスから自由にした。ここからカズヨシの「学びの物語」は大きく動き出す。

2．3　教員との「禅問答」

まず、カズヨシは授業にも真面目に臨むようになる。所属学部の授業のほか、視野を広げるためにα2学部やα4学部の授業も履修した。ただ、カズヨシによれば、真面目に臨めば臨むほど、ひとつの疑問が頭をよぎるようになったという――「これは自分でテキストを読んだほうがはやいのではないか」。

E大学全体の状況は不明だが、少なくともカズヨシが受けた授業の多くは教科書を活用する大規模授業だった。担当教員が教科書に書かれている内容を解説するスタイルであり、ペアワークなどが行われることもほとんどなかった。そしてこの文脈で強調すべきなのは、カズヨシは本を読むことをまったく苦にしないタイプの学生だったということだ。というより、兄の影響で、大学に進学してから「本の魅力にとりつかれ」、「年間何十冊、百冊近く読む」ようになっていた。授業に出席し、担当教員の説明に耳を傾けながら、テキストの該当部分を読み込むことで必要な知識を吸収していく。これがカズヨシの授業履修スタイルとなった。

ただ、「負けん気が強く」、一年生のときから就職活動に勤しむようなカズヨシがこれで満足するわけがない。正課は正課で取り組む。けれども、ほかにも成長の場が欲しい。短期留学やインターンシップなどにチャレンジしてみようかと考えていたとき、α1学部の友人から、東南アジアのフィールドワークに一緒に参加しないかと誘われた。二年生になったばかりの頃だ。E大学が課外活動として提供しているものだが、E大学の教員（E先生）がアレンジし、事前準備、現地での活動をリードするという点で、授業にも匹敵する、あるいは授業以上の体験が用意されたものである。

カズヨシは軽い気持ちで参加することにした。「ああ、行く行く」と返事をしたそうだ。ただ、このフィールドワークの厳しさは想像を超えるものだった。現地では、朝から夕方まで支援活動に取り組み、それからその日にやったこと、みたこと、考えたことを夜に報告するということを行った。およそ二週間、毎日である。とくに夜の報告会はかなり厳しいもので、カズヨシは次のように語っている。

聞き手：参加してみて、どうだったんですか？

カズヨシ：「大変だった」の一言です。報告会は毎晩あって、ときに三～四時間続きます。担当のE先生はとにかく言葉にすることを大事にしていて、「禅問答」じゃないですけど、それに近い。先生からは「思ったことを率直にいっていい」っていわれたので、あるとき、現地の人のことを貧乏で当然だって発言したんですよ。「日本人と違って、ここの人たちは頑張ってない。だから貧乏でも仕方ない。あんな暮らしをしていたら、貧乏で当然じゃないか」って。そのときそう思ったんで。するとE先生からは、「じゃあ、何で頑張んなきゃいけないの？　頑張る必要ってどこにある？」って聞かれて。それに反論できなくて。そういう本質的なことが問われるから、根拠をもって話すとか、ロジックを整理するとか、すごい考えました。フィールドワークの活動より、報告会の印象が強くて。（E先生に）「なんで」「なんで」「なんで」って聞かれて、詰まるというか。

カズヨシが参加したこのフィールドワークは、夏休み（約二週間）に一回、春休み（約二週間）に一回、のセットで構成されている。カズヨシによれば、二回目のフィールドワークで、向き合い方が明らかに変わったという。

一回目は「ただつらかった」「エアコンもないし、水もめちゃくちゃ汚い。電気もつかない。インスタもみれないとか、ないものに対して不満をいっていた」。それが二回目は「ないものに目を向けるんじゃなくて、あるものに目を向け」るようになり、「食べ物もあるし、星がめっちゃくちゃみえるとか、感謝しながら臨めるようになった」。

こうした変化も興味深いが、それ以上に注目されるのは、次の変化であろう。

カズヨシ：二回目のときにとくに意識したのは、「必要な支援をする」ということ。一回目は、自分が作って嬉しいことを相手にしていた、おしつけていたみたいなところがあって、そうじゃなくて、相手にとって嬉しいものを作るっていうのを心掛けていたイメージです。

その後、カズヨシはα1学部のゼミに所属することになる。ただ、カズヨシにとってゼミはそれほど大きな存在にはならなかった。「ある程度真面目な人たちがいて、自分の活動のペースがくずれないところ」を選び、与えられる課題をこなしたといった具合だ。卒業研究もこのゼミで行ったが、α

1学部らしいテーマのなかで関心がもてるものを選び、文献やインターネットで集めた事例、周りから収集した声を丁寧に整理した、というものだった。カズヨシの卒論へのこだわりの低さは、締め切り日よりも数か月前に提出してしまったという点にもあらわれている。

2.4　大学での学びで得たもの

カズヨシ自身、四年間で自分は「変わった」と捉えている。「東南アジアのフィールドワークがあったからなのか、本から学んだのか、友人の影響なのかはわからない。きっとすべてが混ざり合って、ただ学歴をつければいいと考えていた「自分」を変えてくれた」と考えている。就職先として決めたのは、「ここであれば、大学時代に得た「相手に何ができるのか」という視点を活かした仕事ができそうだ」と判断した企業だ。

さて、このような成長を遂げたカズヨシは〈大学固有の学び〉を経験したといえるのだろうか。この問いの前に確認しておきたいのは、カズヨシは大学入学以降も、かなりの程度〈学校教育の枠組みでの学び〉を行っていたことだ。大規模教室で、担当教員の声に耳を傾けながら、テキストを読み込み、知識を獲得していった。また、年間百冊は手に取るという読書の効果も大きい。インタビューからうかがえたのは、カズヨシが「物知り」だということである。カズヨシからは「あの本にこういうことが書いてあった」「その本で知ったんですけど」という発言がしばしば確認された。

では、改めて〈大学固有の学び〉はどうか。カズヨシの場合、重要なのは、〈学校教育の枠組みでの学び〉に飽き足らず、自ら〈大学固有の学び〉に近づいていったということである。学びの舞台となったのはもちろん東南アジアでのフィールドワークであり、そこでカズヨシは、相手目線で解を選ぶというアプローチを習得した。これは「援助の仕方もいろいろある」という見解を示すにとどまったメイより一歩先にいっているとみてよいだろう。

とはいえ、ここで〈大学固有の学び〉における「根拠の重層性」にこだわるならば、相手の目線を根拠にするカズヨシの解の出し方は、やや弱いといわざるをえない。フィールドワークの禅問答調でいうと、「相手が望むことが本当に適切な援助なのか」「なぜ、そういえるのか」という問いが容易に浮かぶ。いうなれば、「〈大学固有の学び〉の直前まで来た」というのが、カズヨシの状況だろうか。

カズヨシは自分でも急激な成績の伸びの結果、E大学に進学した。いわば「たなぼた」のような進学であり、大満足のなかでの進学だった。しかし、カズヨシが以上のような学びを経験できたのは、この高い満足度ゆえではない。むしろ入学後に抱いたコンプレックスを糧に、足掻き、動き回り、友人と出会い、フィールドワークに参加し、徹底的に問われる時間を過ごすことによって得られたものである。だとすれば、本章冒頭で示した「望んでいたところに進学する」ことが学びに与える影響をどう読み取ればいいのだろうか。

ここで三つめの「学びの物語」に入っていくことにしたい。メイやカズヨシと異なり、大学にも、学部にも特段思い入れのない進学を遂げたリョウヘイの物語である。

3.　指定校推薦の枠があったから——リョウヘイの場合

3.1　指定校推薦で「つまらない」進学先へ

リョウヘイも、メイ同様、とある地方の出身である。もともとリョウヘイは理系で、高校一年生から二年生までは「地元の国立大学、理学部に進学しよう」と考えていた。リョウヘイの通っていた高校の生徒は、四分の一ぐらいがその地元国立大学を目指していたという。「その大学の存在感は圧倒的に強くて」「長いものに巻かれたというか……」とリョウヘイは振り返る。

ところが、高校三年生のとき、リョウヘイは大きな方向転換を試みる。文転することを決めたのだ。「理学部に進んだ後の人生をいろいろ考えてみて、これじゃない、と。研究者になりたいわけでもないし、じゃあ、ほかに行きたい理系の学部があるかといえば、そういうわけでもない。だったら、とりあえず文系に行こうと思いました」。

ここで担任の先生が、E大学の指定校推薦枠が一枠あるから、考えてみないか、と声をかけてきた。法律分野を扱うα3学部だ。具体的なイメージがわかなかったため、最初は断ったが、考え直したという。「文転したものの、行きたい学部もなく、E大学であれば一応有名だし、法律を学んでおけばつぶしも利くだろう」と思ったのがその理由である。

リョウヘイにとってこの選択は、手放しで喜ぶようなものではなかった。大学について、そして学部について、リョウヘイは次のように語っている。

リョウヘイ：「悪くないだろう」というかんじで決めたんですよね。自分が通っていた高校は、九月に体育祭があって、三年生も全力投入するのが普通で。自分も漏れなくそのひとりで、体育祭委員をやって、だから勉強しなくて、成績はもちろん落ちていったんです。急な文転だったけど、(高校)三年の五月とか六月とかまでは、頑張ればB大とかC大とか、トップの国立大学もいけるっていわれていたんですけど、明らかに厳しいなというかんじになって。親も「落ちないなら」「浪人しなくていいなら」というかんじで、指定校(推薦)でE大にいけばいいんじゃないいって。

……

聞き手：指定校(推薦)でE大α3学部に決まって、(入学までに取り組んで提出しなければならない)事前課題は出たんですか？

リョウヘイ：本を読んで感想を書くというのが出ました。三冊分です。

聞き手：どんな本でした？　覚えている？

リョウヘイ：二冊が決まっていて、一冊は自由に決めてよくて。決まっていた二冊は、ひとつが活動家のスピーチをまとめたもので、もうひとつが法律系のもので。自分で決めるのも、法律を学ぶんだなってことで、法律系にしました。

聞き手：どうでした？

リョウヘイ：まったく読む気がおきなくて。
聞き手：読書はするほうなんですか。
リョウヘイ：図書委員もしていたぐらいなので読むほうだと思います。図書館にこもるということも結構ありました。でも、弁護士、法曹になるつもりはみじんもなかったし、読んでいてもつまらなくて、なんとか出したってかんじでした。

リョウヘイが、マーチン・トロウがいうような「不本意入学」だったのかといえば、そこまでではないだろう。リョウヘイの選択の背景に外的な圧力や拘束があったわけではないからだ。しかしながら、以上の語りからは、手放しで喜ぶような選択でもなかったことがうかがえる。リョウヘイは、メイやカズヨシのようにE大学に憧れることも、受験勉強に専念することも、合格を勝ち取ったという感覚を味わうこともなかった。不本意ではないものの、「妥協を含んだ」選択、「気になる点はあるが、総合的にみて問題はないと判断した」選択だったというのが、実態に近い表現であるように思われる。

3.2　法律の世界にハマる

三月末、実家を離れたリョウヘイは学寮に住むことを選んだ。自炊への不安がその理由だが、それ以上に強調していたのが「友だちがほしい」という理由だった。リョウヘイの同級生でほかにE大学に進学する人はいない。ひとりぼっちで上京するのだ。とにかくはやく新しい友人が欲しいと考えるのも、無理からぬことだろう。

そしてリョウヘイは、友人作りに勤しむ一年生の春を過ごすことになる。昼ご飯を一緒に食べ、雑談をする。学業のほうは、友人と大規模教室で講義を受け、先輩から試験対策のプリントをもらい、語学も淡々とこなし、という状況だったという。

ただ、一年秋の話になった途端、リョウヘイの語りに「法律」という言葉が頻繁に登場するようになった。E大学α3学部の学生は、その多くがどこかの「法律サークル」に所属する。二桁あるサークルはそれぞれ自由に活動し、あるものはレジャーに力を入れる、あるものはとにかく試験対策に力を入れる、あるものは居場所としての機能を重視するといった具合だそうだが、リョウヘイは国際法模擬裁判大会への出場をメインの活動内容に据えていたサークルに入っていた。活動自体に関心があったわけではなく、なんとなく雰囲気で選んだそうだ。そのサークルの大会出場準備が、秋にはじまったのである。

ここで、リョウヘイが参加した国際法模擬裁判大会について補足しておこう。正式名称は、ジェサップ国際法模擬裁判大会（Philip. C. Jessup International Law Moot Court Competition）。その日本大会を運営するＪＩＬＳＡ（Jessup International Law Students Association）のウェブサイトによれば、国際司法裁判所判事の名を冠し一九六〇年に米国ではじまった世界最大の国際法模擬裁判大会であり、現在では世界八〇か国の五〇〇を超えるロースクール、大学生が参加しているものだ。その内容は、架空の国家間の紛争を題材に、学生が原告・被告の代理人として法議論を戦わせるゲーム。国連の主要な司法機関である国際司法裁判所（ＩＣＪ）を舞台に、ＩＣＪでの裁判実務に則り、学生は申述書（メモリアル）と口頭弁論の二つの局面で得点を競うという。

公式戦では、国際法学者や外務省の職員、元法曹の人がジャッジをするという本格的なものだが、その大会への出場をかけ、また大会で勝ち抜くために、データを集め、判例を読み、論文を読み、自分たちの主張の正当性を理解してもらうための戦略を練り、ということを繰り返す。かなりの重労働となるため、やめる一年生も少なくないそうだが、リョウヘイは「なんとなく巻き込まれて、巻き込まれていくうちにハマった」という。

この活動に関わりだしてから、リョウヘイは「友だちが変わった」という。活動にのめり込み、雑談をしていた友人のところに行かなくなったため、疎遠になったのだ。では、この頃リョウヘイはどのような生活をしていたのだろうか。

聞き手：この活動にのめり込んだときのリョウヘイさんの典型的な一日って、どんなかんじだったんですか。

リョウヘイ：そうですね。普通に朝起きて、授業には行くんですけど、後ろの席でずっとパソコンをたたいたり、論文を読んでたり、書面を書いていたり。

聞き手：朝は何時に起きていた？　一限とかは遅刻せずに？

リョウヘイ：一限があったらちゃんと起きて一限に行って。で、後ろの席で、パソコンをたたいたり、論文読んだり、判決読んだり……。

聞き手：判決って、模擬裁判に必要な？

リョウヘイ：そうです。書いた書面に先輩から添削が返ってきたら、確認して。あとオンラインで意見のやり取りをしているので、そこに自分の意見を書き込んだり、みんなの意見を読んだりして、もうずっと作業をして。授業の空き時間はラウンジに行って作業の続きをして、それでまた授業の時間になったら、「授業行ってくるわ」といって教室に行って、またパソコンをたたくみたいな。

聞き手：授業は……。

リョウヘイ：全然聞いてなかったですね。

聞き手：成績は……。

リョウヘイ：成績は不思議と悪くなかった。大会に熱中していたときは少し落ちましたけど、GPAも悪くないし、単位を落としたこともないので。試験直前に対策して、暗記のテストではなくて書かせるテストが多かったというのもあって、点数は取れましたね。

法律のことにまったく関心がない、課題図書を「つまらない」といっていたことを考えれば、かなりの変化だろう。なにより一年の秋から「論文読んだり、判例読んだり」するほど専門の世界に入り込んでいく経験は、少なくともインタビューをしたほかのどのE大生からも聞くことがなかった。大学や学部、そしてそこで学ぶことへの関心は遅咲きだったかもしれないが、行動という側面において、リョウヘイは早咲きだった。国際法模擬裁判大会の公式戦では、法学者や法曹関係者らがジャッジし、点数で勝ち負けが決まる。ゲームのような面白さも、リョウヘイを惹きつけた要因だったのかもしれない。

ただ同時に、本書の文脈に寄せれば、リョウヘイの変化や学びと、正課の授業とのあいだには、大きな距離があることには留意しておく必要がある。リョウヘイ自身「成績は不思議と悪くなかった」といっていたが、実際、GPAは「三・〇」を超えており[3]、悪くないどころか、優秀な部類に入る。しかしそれは、精力的に授業に取り組んだからではない。授業には顔を出すが、講義を聞くわけでもなく、試験対策は別途自分で行う。この姿勢は、さきのカズヨシにも通じるところがあろう。カズヨシも授業には出るが、講義を熱心に聞くわけでもなく、テキストを自分で読み込んでいた。それでそれなりの成績がとれてしまうのは、エリート大学であるE大学の学生ならではということなのかもしれない。

3.3　大学教員から学ぶ

国際法模擬裁判大会への出場準備を機に生活が変わったリョウヘイだが、そうしたなかで「国際法」を起点に自分の学びをさらに発展させたいという気持ちが芽生えはじめた。そこでリョウヘイは二つの行動を起こす。

ひとつは、自分が「この先生のもとで学びたい」という国際法の教員が担当するゼミで学びはじめたことである。

実はリョウヘイの場合、正式なゼミ生ではない。ゼミ登録（二年初夏）のときは、まだここまで国際法にこだわるようになると想像もしていなかったため、人気のある別のゼミに登録をした。成績が良かったリョウヘイは、倍率が高くても特段問題なく登録できたようだ。しかし、国際法への関心が強まるなか、どうしてもF先生の国際法のゼミに入りたいと考えるようになった。リョウヘイはF先生に直接交渉し、「潜らせて」もらえることになった。正課として提供されている学びに、横道から入り込んだ、というところだろうか。

聞き手：そのゼミではどんなことやっているんですか。
リョウヘイ：そのゼミは、半年間テーマを決めて、グループとかで報告するというものですね。練りは自由にやらせてもらって、自分たちで決めたテーマでプレゼンを作っていくんですが、練りはじめた段階で報告する機会が与えられ、コメントをもらって練り直して、何度も同じテーマのプレゼンを繰り返すなかで完成させていって、最後に、それこそ外務省の人とか、他大の教授の前で報告するということをやります。
聞き手：毎回F先生からコメントをもらって。
リョウヘイ：そうです。半年間同じテーマで、ずっとブラッシュアップを続けていくと。
聞き手：結構なブラッシュアップの回数ですよね。
リョウヘイ：ハードな作業を集中的にやるってかんじですね。

そして、いまひとつの行動も、この「大学教員や専門家からのコメントをもらい、自分たちの議論を考え直す」という営みにつながるものだ。

リョウヘイは、F先生の研究室に出入りするようにもなっていた。勉強になるからとF先生の資料整理の手伝いを買って出たのだ。そうした時間を過ごしているなか、リョウヘイはF先生から学生政策提言プログラムの存在を教えてもらった。日本アカデメイアが主催している「ジュニア・アカデメイア」だ。日本アカデメイアのWEBサイトによれば、ジュニア・アカデメイアとは次のようなものである――「人材を育てるという「日本アカデメイア」の設立当初からのミッションに基づき、志のある大学生・大学院生を対象として創設されました。一方通行の講義ではなく、次の時代を担う学生が主体となって、日本が直面する解決困難な課題について学び、考えることを主眼としています。活動を通じ、自分の未来を自分の責任で選び取る、本当の意味での「主権者」の育成を目指します。」[4]

「参加してみたら」ということだったので、リョウヘイは手を挙げることにした。十数の大学から関心がある学生が集まり、グループに分かれ、ある「解決困難な課題」に対する政策を練り上げていく。インタビュー調査を行ったとき、まだジュニア・アカデメイアの活動は動き出して一か月というタイミングだったが、週に一～二回オンラインで集まり、グループの学生たちと議論を重ね、ひとりの時間もその提言作成に向けての調べものをしているといっていた。

さまざまなデータや情報で、いかに提言をロジカルに説明するか。案ができたら、先述のように、研究者や専門家にみてもらえることになっている。

聞き手：提言をつくりあげるまでに、誰かに相談したりとかするんですか？

リョウヘイ：そうですね。これからは、その日本アカデメイアの会員に話を聞く機会もあるらしいです。あと、アカデメイアの会員、先生がみてくれて、「これ、もっと直したほうがいい」

とか、添削をしてくれるということも聞きました。

聞き手：へえ、すごいですね。

リョウヘイ：そうです、そうです。指導教員の先生方とコミュニケーションをとりながら、みたいなイメージだと思います。

結局、リョウヘイは日本アカデメイアの会員からどのようなコメント、指導を受けたのか。調査の時期の関係でそこまではわからなかったが、身を乗り出してアカデメイアのことを説明するリョウヘイの様子からは、ここも大きな成長の足場となるだろうことが予想された。

3．4　大学での学びで得たもの

リョウヘイに、大学四年間のキーワードを聞くと、はっきりと「成長」だと答えた。

聞き手：「成長」という言葉を選んでくれたけど、リョウヘイさんにとって「成長」って何だろう？

リョウヘイ：なにか昔よりは自分で考えて選び取ることができるようになったかなと思います。高校のときってずっと流されていて、考えないで決めていたというか。それで大丈夫な環境にいたことが原因だと思うんですけど、いまは「何で」といわれたときに、少しまともな説明ができるようになったと思っています。ちゃんと自分で考えて選べるようになったというか。

聞き手：どうしてそれができるようになったんだろう……。

リョウヘイ：そういうことを考えなくてはいけない場にいることが増えたのかもしれません。就職活動も「何で」「何で」ってよく聞かれました。あ、それにやっぱり潜らせてもらったゼミのＦ先生は大きいと思います。Ｆ先生はいろいろ考えさせる人でした。それに、答えのない問題、しかも世界全体を覆うような大きな問題に挑戦したい、そこで何か提言してみたい、卒業後はそういう仕事に就くことになっているんですけど、そういうのもＦ先生の影響だと思います。大きな戦略をつくりたい。うん、Ｆ先生の影響です。

この様相からは、私たちが〈大学固有の学び〉と設定したものに近いものを読み取ることができるのではないだろうか。答えのない問いに対し、メイは「答えもいろいろある」と述べていた。カズヨシは相手が好むものが答えだと捉えていた。対してリョウヘイは、「何で」という問いに向き合い、いくつかの選択肢を検討し、選び取るという局面に達している。こうした語りの差が、なぜ出てきたのかという問いを追究する意義はおおいにあるはずだ。

本章全体の考察に移る前に、リョウヘイについて二つほど確かめておきたい。

ひとつは、繰り返しになるが、リョウヘイが影響を受けたゼミが、正式に登録していたゼミではないという点である。リョウヘイを正課に意欲的だった学生として取り上げたのは、以上のゼミが、本登録ではないものの、Ｅ大学が正課として提供しているゼミだということによる。ただ、むしろこの「正式に登録していたゼミではない」点に大きな示唆があるとも捉えられよう。リョウヘイは法律を学ぶことを「つまらない」と感じながら大学に進学した。このようなリョウヘイにとって、一年生の秋から国際法関連の活動に浸かったとしても、ゼミ登録をするタイミングである二年の初夏までに、意義のあるゼミ、自分が学びたいゼミをみつけるのは困難であることを意味しているようにみえるからだ。正課の横道からひとりの教員に従事しようと試み、受け入れてもらい、何度も本質的なフィードバックをもらうなかで〈大学固有の学び〉を経験し、日本アカデメイアという正課外にもそういう場をみつけた。「正課の柔軟な運用によって間に合った」という表現が浮かび上がる。

いまひとつは、〈学校教育の枠組みでの学び〉についてである。リョウヘイは、大規模教室で展開していた授業について、試験対策プリントなどを使いながら、〈学校教育の枠組みでの学び〉を無難にこなしていた。「こなす」という点では、カズヨシに似ているともいえよう。リョウヘイは一般選抜の学力試験こそ受けていないが、高校時代、E大学の指定校推薦枠を得ることができるほどの成績はとっていた。エリート大学に入学する学力は、特段ケアがなかったとしても、そして関心が及ばなかったとしても、自ら〈学校教育の枠組みでの学び〉を進めていくことを可能にしていると読むことができるだろう。

4．考　察――エリート大学における学びの特徴

エリート大学の〈学ぶ学生〉三人、メイ、カズヨシ、リョウヘイの「学びの物語」をみてきた。いずれも自らの手で道を切り拓こうとするものであり、ノンエリート大学の三人、中堅大学の三人を超

えるエネルギーを感じる内容だったが、以下、エリート大学生の学びの特徴を整理していこう。

本章は、エリート大学生の多くが進学先としての大学に満足しながら入学しているものの、所属学部や分野に対するかまえは多様だという点からスタートした。ここで取り上げた三人も状況は異なっており、メイは学部や分野に問題を抱えることはなく、カズヨシは入学してから学部の序列に悩み、リョウヘイは入学前から学ぶ領域を「つまらない」と考えていた。そしてこの三人の比較からみえることは、大きく三つある。

第一に、〈学校教育の枠組みでの学び〉ができるかどうかについて、所属学部や分野に対するかまえは関係がない。メイの学びには関心がもてるゼミという要素が必要だったが、カズヨシやリョウヘイは、内容への興味に関係なく、授業で扱われた内容をただ習得するという営みをこなしていったからだ。矢野（2009）は、大学での学びと社会人になってからの学び、社会経済的地位について、大学での学びが社会人になってからの学びに結びつき、それがひいては社会経済的地位の向上をもたらす様相を描き、それを「学び習慣仮説」と呼んだ。学ぶ「習慣」こそが大事だという主張だが、ここで本章の内容にひきつければ、エリート大学に入学する学生は、すでに〈学校教育の枠組みでの学び〉を展開する習慣を、大学入学前に獲得しているということなのだろう。どのような内容であっても、与えられるものを吸収することに大きな抵抗はせず、教員の手を借りることなく粛々と進めていくことができるのが、エリート大学の学生である。

そして第二に、〈大学固有の学び〉についても、所属学部や分野に対するかまえは関係がない。いや、むしろもっとも〈大学固有の学び〉を展開していたのが、指定校推薦入試でたまたま法律を学ぶ

α3学部への進学が決定し、入学前課題から法律を学ぶことは「つまらない」と感じていたリョウヘイだったということ、そして入学後に所属学部にコンプレックスを抱くようになったカズヨシのほうが、所属学部に難を抱えていなかったメイよりも〈大学固有の学び〉に踏み込んでいたことは強調されるように思われる。

では、〈大学固有の学び〉を可能にするものは何か。これが第三の点だが、メイ、カズヨシ、リョウヘイの「学びの物語」を振り返ると、「何で」という問いかけをめぐる経験がこの順で増えていくことがわかるだろう。

メイは関心のあるテーマを扱うゼミに所属し、書籍も熱心に読んだが、ディスカッションのときにD先生が投げかけていたのは、議論を進めるためにカギとなる視点（「いままでの援助は西洋のスタイルをあてはめているということに注意しよう」）に関するアドバイスであり、「何で」という問いではない。カズヨシは東南アジアのフィールドワークで引率教員から「何で」と問われ続ける時間を過ごしたが、その期間は二週間＋二週間、合計約一か月である。対してリョウヘイは、まず国際法模擬裁判大会で勝つための「何で」を自分たちで問い続けるという作業からはじまり、（潜り込んだ）ゼミのF先生からは常に「何で」を問われ、さらに問われる場を日本アカデメイアで得ようとしていた。その後、リョウヘイに話を聞くことは叶わなかったが、ゼミでの経験を積んだリョウヘイが、日本アカデメイアで希望していたような学びが経験できた蓋然性は小さくないように思われる。

関連して、カズヨシやリョウヘイが、すでに大学時代前半に〈大学固有の学び〉につながるアクションを起こしていたこともおさえておきたい。カズヨシは入学してからわずか一年間で、コンプレックスを抱き、就活をはじめ、授業に真面目に臨むようになり、さらに学びの場を探しはじめる状況へとたどりついている。リョウヘイも一年秋から国際法模擬裁判大会準備で「何で」という問いに出会い、二年初夏にはあまり考えずにゼミ登録をしたものの、そのあとすぐに自分が本当に学びたいゼミの門をたたくという軌道修正を行っている。メイが〈大学固有の学び〉を経験できなかったのは、「何で」が問われる経験が少なかったということもあろうが、学びに取り組み始めたのが三年になってから、すなわち学びでの気づきをアクションに移すための時間がほとんどなく、アクションを起こすという発想に至らなかったからという見方もできないだろうか。

〈大学固有の学び〉という文脈に照らしあわせると、四年間という時間はあまりに短いのかもしれない。この点については終章で改めて扱いたいと思う。

注

1　N大学が二〇二一年度から二〇二二年度、M1大学、M2大学が二〇二二年度、放送大学が二〇二一年度から二〇二二年度の調査であるのに対し、E大学は二〇二〇年度から二〇二二年度に調査を実施している。二〇二〇年度は唯一の調査対象がE大学だったということもあり、この年度に二四名の学生に聞き取りを行った。その後、二〇二一年度に五名、二〇二二年度も五名追加し、合計三四名という規模になっている。

2　アンケート調査では、「進学先として決定した大学・学部について、満足していた」かをたずね、「まったくあてはまらない」から「非常にあてまはる」まで七つの選択肢のなかから回答を求めており、「まったくあてはまらない」から中央の選択肢までを「満足していない」とし、残りを「満足している」とした。

3　GPAが「三」を超えているということは、およそ上位三〇％には入っているということを示していると捉えられる。

4　https://j-akademeia.jp/junior/（最終閲覧二〇二四年四月二六日）

文　献

トロウ、M.／天野郁夫・喜多村和之訳（1976）『高学歴社会の大学――エリートからマスへ』東京大学出版会。

矢野眞和（2009）「教育と労働と社会――教育効果の視点から」『日本労働研究雑誌』第五八八号、五－一五頁。

第4章　学びに魅了される
——放送大学における学び

吉田　文

成人の学びとは何か

大学生の学びといったとき、われわれは暗黙のうちに二〇歳前後の若者の学びを想定している。しかし、大学の場合、それ以外の教育段階とは異なり、成人の（再）学習という機能を持ち合わせていることを忘れてはならない。同じ大学生というカテゴリーながら、一方は、二〇歳前後の年齢、高校卒業直後に大学進学という進路選択行動をとる、就労経験はなく大学卒業後に就職という進路をとる、というグループである。他方は、成人とくくることはできるがその年齢は多様、高校ないし大学卒業からある程度の年数を経ての（再）進学、多くが就労経験をもち家族形成をしている、というグループである。第1章から第3章の大学生の学びの分析は、いずれも前者のカテゴリーに属する大学生を対象にしている。それに対し、本章では、後者のカテゴリーの大学生の学びを対象に分析する。

二〇歳前後の若者大学生の学びのプロセスの分析からは、なかなか〈大学固有の学び〉に到達する者がいないことを共通の傾向として指摘することができる。〈大学固有の学び〉に到達することが難しい原因のひとつには、大学生の年齢や社会経験が関連しているのではないだろうか。言い換えれば、高校卒業直後に大学進学する学生は、高校での学びから脱却する余裕がなく、高校の延長として学びを捉え続けている、また、就労経験もなく社会経験も乏しいため自己の経験をベースに大学での学びの意味を反省的に捉えることが容易ではない、これらが原因としてあるのではないかと考えるのである。

ところで、成人の学習に関しては、アンドラゴジーとして、青少年の教育・学習であるペダゴジーとは異なる学習の理論が構築されている。アンドラゴジーをごく簡略化していえば、成人の学習者は、自己の経験と目標にもとづき、高い動機づけと学習意欲に支えられ、主体的・自律的に学習するということになる。この理論的な枠組みに依拠すれば、成人大学生は、自律的な学びを展開するという点に、若者大学生とは異なる特性を見出すことができよう。では、成人大学生の自律的な学びとは、どのような学びのプロセスをたどるのか。そして、それは本書が課題としてきた〈大学固有の学び〉を具現化しているのか。こうした問いから本章では、成人大学生の学びの姿を、若者大学生との比較で浮き彫りにしていくことを第一の課題とする。

ただ、成人大学生は、年齢、学歴、職業経験などの属性、また、学習の目的や動機、学習方法など学びの実態においても、若者大学生以上に多様である。したがって、どのような成人大学生を対象にするかによって分析結果は異なるものと思われる。

一般に成人大学生といったとき、職業をもつ社会人（男性が多い）、年齢層は三〇代から四〇代がマジョリティとなるため、そこからみえてくる学びの姿は思いのほか一枚岩である。というのは、なぜ、大学で学習するのかを問えば、「学位取得のため」、「職務を支える広い知見・視野を得るため」、「職務における先端的な専門知識を得るため」といった手段的な進学動機をもつ者が圧倒的に多く、大学での学習は自己の職業キャリアの充実・向上を図るための手段としての意味をもつ（イノベーション・デザイン&テクノロジーズ株式会社 2016、今津・加藤編 2023）。とくに、専門職大学院における学習者は、その傾向が強い（吉田編 2014、塚原・濱名 2017）。

しかしながら、性別、年齢、就労の有無などを広げると、成人大学生が必ずしも手段的な進学動機によるばかりではないことも明らかにされている。たとえば、放送大学の学生を対象にした研究では、もちろん手段的な進学動機をもつ学生がいると同時に、「興味のある分野を学びたい」、「幅広い教養を身につけたい」、「ふだん、疑問に感じたことを勉強したい」など、学習そのものに興味をもって進学している者、いわば目的的な進学動機をもっている者が多いことが指摘されている（浅野 2010、関・冨永・向後 2014）。こうした進学動機の多様性は、おそらく学生の学びの多様性をもたらしているのではないだろうか。成人大学生の学びの姿の多様性の有無を検討すること、これが本章の第二の課題である。

このように考え、本章では、放送大学で学ぶ学生を対象にインテンシブなインタビューによって、彼／彼女らの学びのプロセスを詳細に追いつつ、本書が掲げる〈大学固有の学び〉という課題が、成人大学生の学びのなかにどの程度顕現しているのかを検討することを目的とし、それが若者大学生といかに異なるのか、また、成人大学生の学びにどのような多様性があるかという視点から分析する。

インタビューの概要

放送大学は、一九八五年に開学した遠隔高等教育機関である。学士課程は、教養学部教養学科のみの構成である。「いつでも、だれでも、自由な学びを」を合言葉とし、一八歳以上であれば書類審査のみで誰でも入学ができ、学生のタイプとしては、学士号取得を目指す全科履修生[1]、好きな科目のみを履修する選科履修生、科目履修生、司書教諭資格取得に関する科目を履修する集中科目履修生の四種類があり、さらに大学院の修士課程、博士課程も設置されている。授業科目は、テレビ・ラジオによる放送授業、インターネットによるオンライン授業を中心とするが、それ以外に全国五七か所に及ぶ学習センターやサテライトスペースでの対面による面接授業がある。この学習センターやサテライトキャンパスでは、面接授業以外に学習相談、サークル活動など学生間の交流の場として利用され、通学制の大学のキャンパスに相当する機能を果たしている。

　二〇二三年の学士課程在学者は約八三、〇〇〇人、修士課程は約三、七〇〇人、博士課程は約八〇人であり、学士課程でみれば、日本最大の大学である日本大学の約六六、〇〇〇人をはるかに凌駕しており、大規模大学である。学士課程在学者の年齢構成をみると、六〇代以上が二五％、それに次ぐ五〇代が二〇％と比較的高年齢層に傾斜している。職業別にみると、何らかの職業に就いていない成人（専業主婦（夫）、定年退職者等、無職）が二〇％と多く、ここにパートタイマーやアルバイト等を含めると、その比率は三〇％になる。職業上の地位達成を果たしている定年退職者や、フルタイムの職業に就くことを予定していないであろう専業主婦（夫）が放送大学へ進学するのは、学習を手段と捉えてというよりは、何か学びたいことがあってのことだろう。こうした層がある程度の厚みをもって在学していることが、放送大学には目的的進学動機による学習者が多いという先述の分析結果を導いたと考えることができる。成人大学生の学びの多様性を検討するという本章の第二の課題に適合的な対象ということができる。

インタビューは二〇二一年一一月から二〇二二年七月にかけて、一八名に対して行った。なお、調査対象学生の選定は、まず放送大学の教員に社会科学系のコースで学ぶ学生を数名紹介いただき、その後、彼/彼女らから次の学生を紹介してもらうという手続きを繰り返すスノーボール・サンプリングにて行った。

図表4-1は、本書共通の切り口である「正課に対して落とすエネルギーがどの程度であったか」を縦軸に、本章独自の切り口である「学歴や資格の取得を目的として進学した手段的進学か、それとも学習そのものを目的として進学した目的的進学か」を横軸にとったものである。なお、第1章から第3章までの同様の図表には、アンケート調査に基づき各象限に位置づく学生の規模を楕円の大きさで示していたが、ここでの楕円の大きさはあくまでイメージに過ぎないことには留意されたい。この各象限に一八名の調査対象学生を配置すると、第一象限(正課へのエネルギー大・目的的進学動機)に分類される者が一一名となり圧倒的に多い。次いで、第二象限六名、第三象限一名となり、調査対象学生のなかに第四象限に分類される者はいなかった。第四象限に属する学生とは、正課へのエネルギーがあまりなく、かつ、目的的進学動機をもつ者ということになるが、そもそも何か学びたいことがあり、そのためにわざわざ放送大学を選択して進学したのに、放送大学のカリキュラムをしっかり学ばないということそのものが基本的には語義矛盾である。実際には第四象限に属するような学生が一定数はいると思われるが、さほど多いとは思われない。そのため、そうした学生が調査対象学生に含まれていなかったとしても不思議ではない。

図表4-1　正課へのエネルギー×進学動機

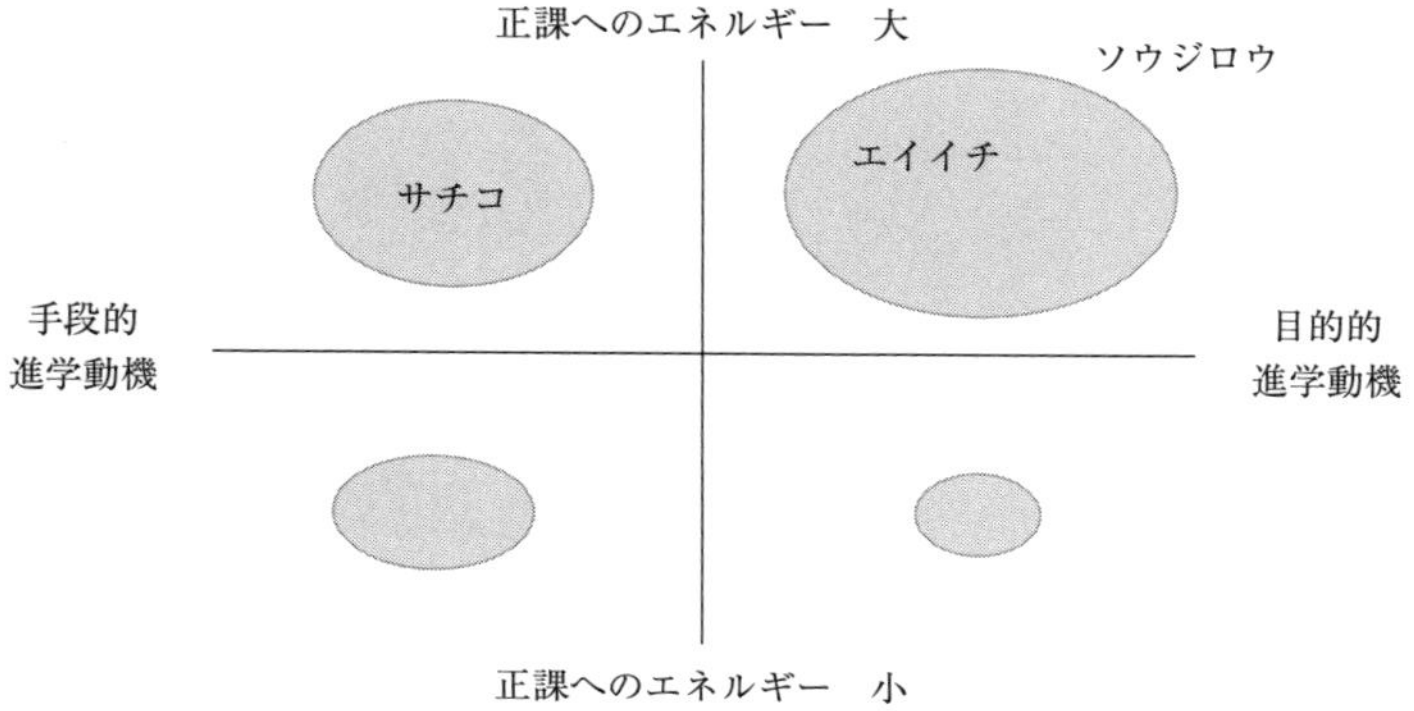

本章では、ここから第二象限に属するサチコ、第一象限に属するエイイチ、同じく第一象限のソウジロウの三名を取り上げ、彼／彼女ら成人大学生の学びの姿を克明に追ってみよう。

1. 大卒になりたい――サチコの場合

サチコは、専門学校卒の四〇代後半、卒業後、数回の転職をして、ここ二〇年ほどは製造業の営業事務として働いている。二〇一一年に放送大学に入学し、専攻は心理学であった。

ここでサチコを取り上げたのは、ある意味、典型的な成人大学生だからである。後述するが、サチコの場合、何かこれを学びたいというものがはっきりと確立しているわけではないが、何となく学びたいという思いがあり、それとともに放送大学を卒業すれば大卒の学歴が取得できることを魅力に感じる気持ちとがないまぜになって、放送大学に進学した。学歴取得という手段的進学動機が明確な点で、成人大学生の一つの典型ということができる。

何を学びたいのかという点では、具体的で明確なものがなかったサチコであったが、二〇二二年現在、まだ放送大学に在学している。この約一〇年間、サチコは放送大学でどのような学びをしてきたのであろう。

1．1　卒業が第一

まず、サチコが放送大学に入学したきっかけからみていこう。

聞き手：二〇一一年に放送大学で心理学を学び始められたきっかけは、何だったのでしょう。
サチコ：会社（筆者注：営業事務として働いている会社）でもよく休む人とか、……心の不調とまではいかないのかもしれませんが、何となく不調な人がいて。……そういう人たちにどうやって接したらいいのかと思って、どのように接したらいいか分かるためには、まずは心とは何だというのを知ったほうがいいかなと思って。
聞き手：そうですか。
サチコ：まさか大学に入るとは思っていませんでした。でも、多分、ちょうどいいタイミングでチラシか何かをみたのでしょう。で、心理学、「へぇ」と思ってという感じです。

人の心を知りたいという漠たる思いから、「心理と教育」コースに入学したものの、それは心理学そのものを学びたいからではなく、メンタルに問題を抱えている人とうまく接していくためには、心のことを知ればよいかもしれないという思いでの心理学の選択であった。

そして、放送大学に入学したことは、彼女にとって、ある意味、晴天の霹靂であったようだ。自分で放送大学を選択しながら、その選択に驚いている。専門学校卒のサチコにとって、大学というのは縁遠いところだったようだ。

そもそも、専門学校に進学したのも、「高校を卒業して就職というよりは、その間のモラトリアム期間みたいな、「まだ就職しなくてもよくない？」みたいな感じでした」という動機からであり、専門学校時代は、「遊んでいました。勉強したという記憶があまりありません」と述懐している。この言葉からは、高校時代も専門学校時代も、大学進学という選択肢はほとんどなかったように思われる。

高卒後の転職が四回、現在の仕事が二〇年継続して現在四〇代後半ということは、専門学校卒業後からの三回の転職は数年おきに繰り返されていたことになる。この三回の仕事も、相互に関連はない。しばらく、フリーターやアルバイトをしていたともいう。こうしたキャリアのなかで、大学に進学して大卒学歴を取得することは、まったく念頭になかったことが想定される。「まさか大学に入るとは思っていませんでした」とは、そういうキャリア経験のなかから発せられた言葉なのである。

さて、心理学の勉強を開始するが、それは学習動機を満たしてくれるものではなかった。

聞き手：自分が学ぼうと思った動機と、実際にやっていることはどうでしたか。

サチコ：違うなというか、一通りやりましたが、どうしたらいいかはよく分からないままで学んだところです。

聞き手：何が一番面白かったとかありましたか。

サチコ：私は人との接し方とかそういうほうに興味があったから、臨床心理系は面白かったです。でも、実験とか心理学研究法とか、心理統計とかそういうのが結構苦手で……興味がもてませんでした。統計は無理だなとは思っても、やらなければいけません。だから、スクーリングがあるので、そちらでとりました。放送の授業だと絶対に無理だと思って。

聞き手：そうですか。

サチコ：心理学実験は普通の科目があります。実験も大変ですけど、それこそスクーリングに行かなければいけません。実験をして、実験の結果をリポートにしたものを提出しますが、それも大変でした。

メンタルに不調な人との接し方を学びたいという動機に対して、学問分野としての心理学の内容は、それに直接、応えてくれるものではない。専門学校卒ということで、そこでの履修を放送大学の単位に換算してくれるものの、専門科目は免除対象にならないため、全部履修しなければならない。大変づくめである。

大学での学習は容易ではなかった。「大変でした。大変でしたけど、久々に勉強だし、興味があってやり始めたことだから、実際にその科目をとってみて、「うわー」と思うのはあったかもしれないけど、最初の頃は勢いで結構やっていたと思います」と、当時を振り返る。何とか乗り切ったのは「勢い」だというが、その裏には、「卒業すれば大卒になれるじゃないですか。そこも目指して、それもモチベーションの一つという感じでした」と、大卒の学歴取得という目標が大きなドライブになっていたようだ。なぜ、大卒は魅力なのか。

聞き手：学士がとれるということも大きな目標だったということでしたが、学士をとることによって、たとえばお給料が上がるとか、待遇が良くなるということはありましたか。

サチコ：いや、とくにありませんが、自分のなかで何となく。たとえば転職でもそうです。これから転職するかというと、しないだろうとは思いますが、何かチャレンジをしようとしたときに、大卒以上というボーダーを気にしなくていいなと思いました。

聞き手：なるほど。

サチコ：「私は専門学校卒だから、チャレンジできないや」というのも時々あったから、気にしなくていいんだなと思いました。

聞き手：それは結構大きいですね。

サチコ：そう。だから、転職するのに大卒の資格が要るのかどうかというのは、専門でもない者に対して、なぜそこを求めるのかというのはよく分かりません。でも、そういう条件なのであれば、その条件でやっていくしかないじゃないですか。そこを気にしないで済むんだなと思ったら、学士をもっているというのがステータスではないけど、そうなったほうがいいなとちょっと思いました。

大卒の学歴を取得することが、キャリアにおける昇進、昇給など物的な条件に反映するわけではない。本人もそれを期待しているわけではない。自分の学歴が専門学校卒であることは、日常的には顔を出すことはないが、何かの折、たとえば「大卒」が目の前に突きつけられたとき、専門学校卒の学歴であることはコンプレックスの様相を帯びる。サチコが語る言葉からは、そうした心情を垣間見ることができる。

苦労を重ねつつ四～五年をかけて六二単位を修得し、「学士（教養）」を得る。「一二四単位だったら、多分一〇年ぐらいかかっていると思います」と述懐しているが、サチコにとって大卒になるというのは、そのくらい高いハードルだったのである。[2]

1．2 好きなことを学ぶ

大卒になるという所期の目的を達成したサチコは、何と二〇一六年に「生活と福祉」のコースに再入学する。あれだけ「大変」を繰り返していたにもかかわらずである。では、なぜ、再び放送大学なのか。サチコは、次のように語る。

聞き手：学士をとったあとに、「生活と福祉」コースを始めたのですね。それはなぜですか。

サチコ：もうちょっと勉強してもいいかなと思いました。……放送大学の授業で、自分が興味をもった領域を学べるというのがいいなと思いました。……「何か、これ、面白そう」みたいな感じで勉強に行きます。そのために、もう一つのコースに所属していて、やりたいことをやりたいように……。

サチコの学びの目的は明らかに変化している。当初は大卒の学歴を取得することであり、それを追求する過程は苦難の連続であったが、追求する過程で、学びたいこと、面白いと思って学べることがみえてきたのだろう。

その心情の変容については、「最初の「心理と教育」のときは、とにかく大学を卒業するというのが、まずというか、一つの目標でもあったから、早く終わりにしたかったのに対して、もうちょっとゆっくりやりたいことを勉強しようかなと思って、新しいコース（筆者注：「生活と福祉」コース）に申し込みました」という言葉に集約されている。

サチコの場合、いつまでに何を学んで単位をとらねばならないという時間的制約はなくなった。好きなときに好きなことを、時間を気にすることなく学習できるという環境にある。これは、若者大学生と比較した、（すべてのとはいわないが）成人大学生が置かれた学習条件の一つである。サチコは、苦労の多かった学士号取得のための学びのなかでみつけた学ぶ楽しさが引き金となり、こうした条件を利用しての再入学であった。

さらには、卒業研究をやるという。放送大学では、卒業研究は、学士号取得に必須ではない。サチコは、「心理と教育」コースでは、卒業研究はやらずに単位取得だけで卒業している。卒業研究をやることに比べれば、「放送授業をとったり、面接授業をとっていくほうがよほど手軽だから、そちらで集めました」ということで、なるべく楽に単位取得、そして学歴取得に至ることができる方法を探し、その道を歩んだ。在学中は、「自分でやりたいと思って始めた勉強であっても、とにかく早く一区切りつけたかった」。学歴取得が目的であれば、至極普通のことである。

しかし、なぜ、今度は卒業研究をするのか。「新しいコースに入ってから、学習センターで卒業研究と、あと、大学院の修士論文か何かの発表会があって、たまたまその発表会をみに行きました。やはり研究はしたほうがよかったのかなと、そのときは思いました」と語るように、放送大学の学生たちの研究発表に刺激を受けたことが一つの契機であった。サチコはその刺激について、次のように語る。

聞き手：発表会での研究の話は楽しそうだったのですか。

サチコ：楽しそうではなかった。……（しかし、）発表会をみに行っていて、「あ、そうなんだ。やっぱり研究すると、一つやったという結果ができていいな」と思いました。始まって大変だったけど、その人の研究をした結果をどーんとみせてもらって、「なるほど。研究すると、こういうものができあがるのね」と思いました。そう考えると、研究をしないで、ただ卒業するだけだと、賞状はもらえるけど、それだけじゃないですか。

聞き手：納得感をもって卒業するということをやりたいのでしょうか。

サチコ：そうだと思います。結局、「心理と教育」のときは、よくいる大学生と同じようなものです。自分でやりたいと思って始めた勉強であっても、とにかく早く一区切りつけたかった。……（卒業して）よくよく考えてみると、やりたいことや知りたいことがあって入学しているのに、研究をしていないと、「ああいう研究をすればよかった。これももっと知りたかった」みたいなのがあって、卒業したあとに、研究したいテーマがあったことに気づきました。

友人のすすめ、発表会での刺激、いろいろな点で、学びに対する心境の変化があったことを吐露している。単に、好きなことを学ぶというだけでなく、自分の関心のあるテーマを「研究」したいとまで変化していることに驚く。

1．3　趣味を研究テーマに

卒業研究となると、その研究テーマを決めねばならない。サチコの最初の研究テーマは、ヨモギ成分の研究であった。サチコは肌が弱く、冬場の肌の乾燥をのりきるために、ヨモギエキスを入浴剤として使ってきた。なぜ、ヨモギが肌の乾燥を防ぐ効果があるのか、その成分を研究しようと思い研究テーマを提出した。しかし、そのテーマを指導できる教員がいない、実験するにしてもその環境がないなどの理由で断られた。それが三～四年前のことである。

サチコはこれにへこたれることなく、次の研究テーマを練った。次のテーマもやや難航したものの、ようやく認可された。サチコは、気功をやっているというもう一つ別の顔をもっており、それにヒントを得て、正しい姿勢の効果を研究するというテーマ設定をした。最初のテーマも、このテーマも、あるディシプリンのアプローチに沿ったものだとはいいがたい。学んだ心理学との関係を明確に見出すことはできない。そうではなく、自分の生活や趣味から引き出された研究テーマである。確かに、この研究テーマを指導できる教員はそうそうはいないだろう。

新たな研究テーマの指導教員を探すために、サチコはいろいろ手を尽くして探し当てた。放送大学では、学内に学生の研究テーマの指導に適任な教員がいない場合は、他大学の教員に委任することを認めている。サチコの場合、放送大学の教員のなかに「私のテーマをみれそうな人がいたけど、「基本、メールでの指導になります」と書いてあって、メールの指導だとちょっと何か、せっかくだから、もうちょっとやらせてほしいなと思いました。私は、D大学に三〇分ぐらいで行けるので、（学習センターの）所長に、「だから、近隣で探してくれ」」と依頼して、D大学の先生に指導教員を引き受けてもらったという。適任な指導教員を探すために放送大学に限定せず適任者を探そうとするあたり、早く単位を取得して次に進もうとしていた「心理と教育」コース在学時の姿はみられない。

第二の研究テーマである姿勢の効果といっても幅広い。ところが、サチコはきちんと仮説を立てている。それについては、「姿勢の効果は仮説がありますす。……よい姿勢は安定した情緒や集中力とか、いろんな効果があるといわれているので、姿勢をテーマにしてやろうかなと思いました」という。その仮説を検証するための研究対象についても、「自分の気功仲間にも協力してもらって検証してみようかな」と考えている。さらに、指導を引き受けてくれた教員が教えている学生たちにも、協力が依頼できそうである。卒業研究の計画は着々と進捗している。さらに、サチコは、姿勢の効果について、呼吸機能の測定から研究してみたいと意気込んでいる。

こうした研究の話のなかで、サチコは学びについて次のように語る。

聞き手：最近は、知りたいということが動機として動かしている感じですか。

サチコ：そうです。知りたいというのもそうですが、最近は伝えることをしています。伝えるためには、ただ、教えられたことを伝えるのと、自分のなかで腑に落ちて、それをいえるかということの差があります。

聞き手：確かにそうですね。

サチコ：学問というか、何でもそうです。たとえば気功なら、気功はこうだよということもそうですが、それをすることによってどういう変化が自分のなかにあるかというのは、やってみたことを伝えられるのと違うから、多分そこの裏づけが欲しいです。自分がやっているいろんなことに対して、教わったことだけじゃない裏づけが欲しいです。

サチコは、知ったことを自分で反省的に捉えることで、相手に対して教えることができるようになるということを吐露している。そうなるためには、学んだものを自分自身で理解することが必要だというのである。

さらに続けて、ここでは、研究とは自分でエビデンスを取得すること、それをもって初めて他者に語ることができるという、まさに学問をするとはどういうことかを語っているのである。

卒業研究後はどうしたいかという質問に対しては、「卒業研究がまだ始まってもいないのに何だけど、多分勉強を続けたほうがいいだろうなと思います。ただ、テーマがあるかどうかは別の問題です。それも、やりたいテーマがみつけられるまでゆるゆると、授業をとってもいいかもしれないなと思います」と、どういう形になるかは不明であるが、放送大学への在学を継続して学びを続けるようである。

何となく始めた放送大学での学習、とにかく卒業することが第一であったが、その目的を達成する過程で、学びの面白さに目覚め、放送大学の別のコースに再入学して、今度は卒業研究に取り組みたいと語るようになる。成人の学びは、就職を考えねばならない若者大学生と異なり、学びの期限を切られることはない。職業をもつ生活と大学での学びを並立することも可能である。職業をもっていれば、大学での学びをそれと関連づけて考えることも多い。こうした学びの状況は、同じように学歴取得を目的としていたとしても、若者大学生と異なる点である。

サチコは学びを続けるなかで次第に正課に対するエネルギーを増大させ、学びの姿は手段的な動機から、目的的なそれへと変容していく。では、それが〈大学固有の学び〉かというと、それに近づいてはいるものの、必ずしもそうとは言い切れない。なぜなら、卒業研究において、問いを立てて、それを解くというスタイルは踏襲されているものの、それがこれまでの学問体系の蓄積のうえにたってなされているかというと、そこまでには至っていないからである。すなわち、興味関心のあることを知りたい、いろいろ調べてまとめてみたいという状況にとどまっているのである。それでも、大卒になりたいからはじまった大学での学びから、研究を語るようになるまでの変化は大きい。そして目的的な動機による学びは継続性が高いことを、サチコの事例は示している。

2. 友人に囲まれて――エイイチの場合

エイイチは、現在八三歳。定年を迎えるとともに放送大学に入学してこの方、ずっと放送大学に在籍し続けている。二十年強という年月は、もはや仕事や生活そのものといってよい。学ぶのではなく学び続ける、これも成人大学生の一つの典型である。

とくに、放送大学の場合は、その傾向が強い。先述のように、放送大学では、六〇歳以上の学生が二五％、職業に就いていない学生が二〇％という数値は、それを示す一つの指標である。こうした者たちは、何か学びたいことがあって放送大学に進学し、そこで学びの面白さに目覚めれば、継続して在学する条件が揃っている。学位取得で終わりではなく、その後も放送大学に在学し続ける学生の最終的栄誉が、放送大学では通称「グランドスラム」、正式には「放送大学名誉学生」という称号である。[3]これは、放送大学の学士課程に設置されている六つのコースすべてを卒業した者に与えられる称号であり、毎年の卒業式には、学長より直々に賞状と盾が手渡される。ちなみに、二〇二二年度の卒業生は六、一九八名、そのうち名誉学生は一二七名であり、この数字だけみれば狭き門である。しかし、こうした制度が設けられ、それが賞賛されることそのものに、こうした数字の背後に、放送大学には長期間在学して学びを継続する相当数の学生がいることがわかる。

さて、エイイチの話に戻れば、六〇歳の定年を迎えて一九九九年に放送大学の「社会と産業」コースに入学する。そこに四年在学して学士号を取得、その後は「人間と文化」コース、「情報」コース、

「自然と環境」コースと制覇し、「人間と文化」コースに在学中にはいったん休学し、大学院修士課程の「自然環境科学プログラム」の第一期生として入学し、二年間かけて修士号を取得したという学習歴をもつ。「グランドスラム」をめざしているわけではないが、このままいけばその達成はそう遠くはない。そうまでして放送大学で学び続けるのはなぜか、エイイチの学習歴からそれを解き明かしていこう。

2．1　自分のために学ぶ

エイイチは、大学の工学部で機械工学を学び電機メーカーに就職する。そして、定年退職後すぐに放送大学に入学している。それは、前々から放送大学を知っており、「リタイアしたら、ぜひ入りたいと思っていたので、即入りました」といった計画的入学である。

聞き手：リタイアしたら、勉強するというよりは、もっと趣味を広げたいという人が多いと思いますが、わざわざ大学で再学習をしたいと思った辺りは、どのような考えでしたか。

エイイチ：電機メーカーでエンジニアだったので、もう少し実力をつけたいなと思っていました。それで、その電機メーカーでやっていたエンジニアとしてのコースの延長みたいな恰好で、「社会と産業」コースに入りました。

聞き手：もっと実力をつけたいという考えが芽生え始めたのはいつ頃でしょうか。

エイイチ：常日頃、仕事をしながら、足らないなという感じがしていました。……二年間で、

「社会と産業」コースを卒業してすぐに、「人間と文化」コースに入りました。

聞き手：そうですか。

エイイチ：詳しくいうと、放送大学の大学院ができて、二〇〇二年に、一期生として大学院の修士課程に入りました。「自然と環境」コースに似た、工学部と理学部を合わせたような所に入りました。それと、先ほどいった、「人間と文化」コースをパラにやっているようなことでした。なぜ、「人間と文化」コースかというと、宗教、とくに仏教、それと哲学をまじめにもう少しやりたい、エンジニアとしてだけではなくて、もう少し幅を広げたいと思ったからです。仏教と哲学はやらないと駄目だなと思っていたので、放送大学にこういうコースがあるということで進みました。

きわめて謙虚な回答である。自らを力量不足と感じ、学ぶことに飢餓感を覚え、必死に知識を吸収しようとする姿が髣髴とされる。なお、エイイチはどのコースでも卒業研究をしていない。その理由は明言されていないが、「ちょっとずる賢く……学部のほうは単位だけとって卒業して、修士課程は修士論文を書かないと駄目なので、きちんと書きました」とのことであった。

エイイチにとって学びたいことは多々あり、最近では「単位をとろうという意味は、私はあまりもっていません。民間放送の内容を聞くよりも、放送大学のテレビを聞いていたほうが面白いかなと思う場合が結構多いので、単位をとるためではなくて、そういうテレビの見方をしています」と、興味関心の赴くままに学びを続けている。単位や学歴の取得とは無関係に、多様な知識の獲得こそが学びなのである。しかしながら、その学びは真剣である。放送大学の学習に割く時間は一日に約二時間であり、それも「自分が専門としてきたことについては、放送大学の先生が話している内容がそれほど高くないと思って、通信指導のときにもそんなことを書くと、「専門の人にとっては、ちょっとレベルが低かったかもしれません」と正直に書いてくれた先生もいました」と手厳しい。エイイチのように大学での学習経験がある者にとっては、サチコの事例とは異なり、放送大学での授業のハードルはさほど高いものではないことも、この言葉からわかる。

2.2 友人と学ぶ

しかしながら、エイイチが二十年余も放送大学で学び続けるドライブはどこにあるのだろう。

聞き手：いったい何が放送大学で学習を継続するドライブなのでしょう。
エイイチ：放送大学のなかにサークルがあります。サークルはゼミという場合もあります。G先生が放送大学学習センターの所長をしていて、統計に非常に詳しい先生だったので、この先生についていることで統計とか数学を学べたというか、刺激を受けていました。私は年をとってきたので、そのサークルのなかで統計の幹事みたいなものをずっとやっています。

エイイチにとっては、放送大学のサークルが学習継続の鍵なのである。この統計サークルは、二〇〇四年前後に設立され、学習センターで一か月に一回、二時間の対面でのゼミ形式の勉強会が開催され、メンバーは二〇名くらい、常時出席するのは一〇名程度という。メンバーには看護師、医師、臨床検査技師などが多く、皆仕事で統計を必要としているという。ゼミの進め方は、サークルで統計を教えてくれる先生の「放送大学の講座があったので、それに従って私がドキュメントを作って、そのドキュメントをみんなの前で発表して、分からない人を補強してあげて、次は一か月後にやります」ということだ。エイイチは、幹事といいつつ、実際は講師役を務めているのだ。そして、もうひとつ、初級の統計学のゼミもあるそうだが、それもエイイチが「教科書を一応作って説明して、質問に対して補強しながらやります」と、幹事として講師役をしているそうだ。

メンバーに多い臨床検査技師の人たちは学会発表に際して、「私どものゼミを利用して、学会に発表するための予備的な勉強会をして、「こういう論文を発表したいんだけども、意見をもらいたい」という人も結構います。そういうときは、私たちも勉強になります」という語りからは、学会で通用する学術的な内容を学んでいることが想定される。このような場合、「私たちは、専門的な病院関係、臨床検査的なものはもちろん詳しくありませんが、大体、論文を読みながら考えて、統計的に補ってやるとか、逆に私たちが病院の知識をもらって、自分の役に立つとか、お互いに助け合って、……楽しくやろう」という方針で進められているという。エイイチにとっては、このサークルの講師役をし、他方で仲間の発表から刺激を受ける、こうした向上心をもつ仲間との学びあいこそが放送大学に在学する最大の理由であるといってよいだろう。エイイチによれば、サークルに熱心な学生は、そこそこ多いようである。

聞き手：ある意味、放送大学の正規のコースよりも高度なことをやっているようですね。

エイイチ：そうです。「そっち（筆者注：ゼミ）のほうが面白い」という人が結構多いです。ただ、お金を払わないと放送大学をもちろん辞めさせられるので、そちらはそちらでやりますが、むしろサークルのほうに力を入れている人が多いです。これは本音で、みんな、そんなことをいう人もいます。「こちら（筆者注：ゼミ）のほうがずっと面白いね」なんていう人もいます。

このように、サークル活動の楽しさを語るエイイチだが、エイイチこそがこの統計学のサークル活動を楽しみ、このために放送大学に在籍しているのだ。放送大学に長く在籍する学生の多くは、こうした仲間との学びの楽しさが生活の楽しさになっているのだろう。

また、エイイチの場合、サークル活動で学んだ統計学の知識は、講師役を務めるだけにはとどまらない。統計学の知識を利用して、現実の社会問題にアプローチして知見を提供するという活動を生み出している。たとえば、統計学の知識を利用して、地元の「放射線量がどのように変化していくかというのを統計的に検討すると、二年くらいで放射線量が収まってくるから、この辺りは二年間くらいで大丈夫だという」知見や、コロナ禍における地元の患者数の増減を「NHKはデータを毎日発表しますが、それを統計としてとって、予測して、「このように上がっていく」とか、「今、第七波が来るぞ」」といった知見を地方新聞に発表しているそうだ。これらは、ゼミを指導する統計学の先生の奨めや、それらの知見を仲間と語らう場といったサークル活動が基盤になっており、その活動の楽しさの延長に新聞への寄稿を位置づけることができよう。

２．３　若い頃の学び

放送大学での充実した学びをしている現在からみると、二〇歳前後の頃の大学での学びや就職してからの学びはどうみえるのだろう。

聞き手：若い頃の学びと、ある程度年齢を経て職業経験をもってからの学びというと、もちろん内容もですけれども、学習のスタイルとか、理解の幅とか、そういうようなところで、何か違いはあるものでしょうか。

エイイチ：やはり、職業をもってからのほうが一生懸命ですよね。（大学時代は）卒業できればいいかなとか、一応遅れないで卒業したわけですが。仕事をもってからは、自分がどういう目的で、どういうことを勉強しなくちゃいかんということがはっきりしてきていますので、それ（筆者注：職業生活での学び）に合わせて、放送大学だったら放送大学の講座も勉強するという感じになってきましたね。

職業生活における学びは、より力をいれるものだったという自己評価が下されている。そして、興味深いことに、その先に放送大学が位置づくのである。「それに合わせて、放送大学だったら放送大学の講座も勉強する」という言葉からは、職業生活での学びが現在の放送大学での学びの基礎になっていることがうかがえるのである。それもあって、ソフトウエア技術者としての専門性を高める職業生活を送ってきたため、放送大学における自分の専門に近い授業だとレベルが低いと感じることになるのだろう。

エイイチは、今後も放送大学での学びを続けていくそうだ。学ぶことそのものが生活であり、仲間との学びが生きがいである姿は、エイイチの「放送大学の学生の間で、こんな話がよく出ます。「放送大学を辞めると、本当の人生を卒業せざるを得ないよ」なんていう冗談も出ますが、ある意味では、本気で、辞めないでいきたい」」、「(放送大学は）長生きのための勉強の場」という言葉に表現されている。

エイイチは、定年後に「実力をつける」ために放送大学に入学し、そこで二〇年強を過ごしている。放送大学で学びたいことを学ぶという目的的な進学動機であることはいうまでもない。単位や学位とは無関係に好きな授業を学び続けるという学びは、若者大学生には許されない環境であり、自分のために時間もお金も使える特権でもある。文理にわたって幅広く学んでいるのは、教養学部という放送大学の特性をうまく利用しているからではあるが、多くの知識を獲得したいという欲求に根差したものだといえよう。その点で、ある一つの分野において問いを立て、それを追求するという、〈大学固有の学び〉とはやや異なる。

確かに、サークル活動には熱心で、そこで得た知識をもとに自分でデータ収集をして分析するという活動も行っている。しかしながら、それはサークル活動のいわば副産物であり、本来の目的ではない。むしろサークル活動の目的は仲間と学ぶことにあり、そこで得る充足感、満足感が、現在の生活の生きがいになっている。そして学ぶことが生きがいとなるためには、職業生活の在り方が何らかの影響を及ぼしているように見受けられる。

成人大学生の多くが、二〇歳前後の大学時代は単位をとり卒業することが目的で、学びが浅かったと述懐するが、そのようにいうことができるためには、大学卒業後の（職業）生活のなかで学びの経験がどの程度存在していたかが鍵になるということだろう。学びが生じるためにはある程度の継続が必要だということを、エイイチの事例は教えてくれているように思われる。

3. 分析を重ねる——ソウジロウの場合

ソウジロウは、地元の新制大学（D大学）第一期生、経済学を学んだ。大学卒業後は電機メーカーに就職して定年を迎える。本社の総務、工場の総務、研究所の総務と、一貫して総務畑を歩いた。定年後は、請われて、私立高校の理事兼事務長を一〇年間ほど勤めて、ほぼそれが終わる頃、二〇〇五年に放送大学へ入学する。すでに年齢は七〇歳にならんとしていた。最初は、「社会と産業」コース、その卒業直後の二〇一二年には「心理と教育」コースに再入学し、それと並行して、二〇一五年から二〇一七年は大学院修士課程（自然環境科学プログラム／社会経営科学プログラム）で学んで修士論文を仕上げ、二〇一八年には「心理と教育」コースも卒業、二〇二一年からは「情報」コースで学んでいる。定年を迎えての学び直しという点、多くのコースに在学して知識を獲得しようとする点は、エイイチに似ていなくもない。

ソウジロウはグランドスラムをめざしているのかとも思ったが、目的はもう少し別のところにある。

それは何か。一言でいえば、研究をして新たな知見を得ることにある。確かに、エイイチも統計サークルで、学会発表の準備にコメントを付したり、データを集めて分析し新聞に寄稿したりするなどの活動をしていた。ソウジロウの学びは、エイイチのこうした学びと何が異なるのか。それでは、「研究」に励むソウジロウの学びを分析していこう。

3．1　大学時代の学びを確実に

なぜ、七〇歳近くなって放送大学に入学したのか。ソウジロウにははっきりした三つの目的があった。第一が数学、第二が英語、第三が経済学である。その語りをみていこう。

聞き手：なぜ、放送大学で学ぼうと思ったのでしょうか。

ソウジロウ：高校時代からずっと数学が好きでやっていましたが、高等学校までの数学というのは、ご承知のとおりで、問題があって、解答を一生懸命計算することばかりをしていて、「どうしてこういうことをやらなきゃいけないのかな。もっと理屈というか、そういうことを勉強したいな」と思っていました。……私は数学が得意とはいえないものですから、理論的に勉強したいということです。もう一つは、学生時代から英語を一生懸命勉強して、自分なりにやっていました。会社でも、最後の頃、英語を結構使う時間がありましたが、これを何としても維持したいと。やっていないと、だんだん低下しますので、何とか維持したい。もう一つは、経済学です。会社生活において経済関係は、とくに総務部門でしたから、あまり専門ではありりませんが、経済学の知識が非常に必要なことを感じていました。経済学も進歩していますので、それも学びたい。この三点があって入学しました。

いずれも大変な意気込みである。放送大学で学ぶことは、定年になって突然浮上した話ではない。「実は前から（学びたいと）思っていたが現役時代には仕事のほうで忙しくて、自分のやりたいことというのには時間がほとんど割けませんでした」という語りからわかるように、以前からその希望をもっていた。そろそろ第二の仕事も終わる頃、知人に誘われ、一念発起したのである。

ここで注目すべきは、数学、英語、経済学、すべて学び直したいと考えていることである。いずれも学生時代に学んだものばかりであり、それらを理論的に学ぶ、ブラッシュアップする、新傾向を学ぶことが目的なのである。多くの成人大学生は、人生経験、職業経験のなかで抱いた興味関心や職務上の必要性などから再学習をすることと対比して、ソウジロウは、高校や大学といった教育機関ですでに学んだことがある内容を追究しようというスタンスであり、比較的珍しいケースとみることができる。

まず、第二の目的である英語はどのような学び直しをしているのだろう。ソウジロウは、英米の会社と提携の仕事をしていたときに、英語はかなり読んでいたし、話しもしていた。それが、「今では話すのは機会がありませんし」、「時間がちょっと不十分で、もう少しやらないといけない」と思っているところだ。なお、英語の講読に関しては、放送大学の大学院時代に英語論文を読む必要があり、「これはだいぶ助かりました。おかげさまで読むのが速くなりました」と進歩があったようだ。

語学という点では、英語に加えてドイツ語の学習も、D大学の第二外国語の授業以来であるが、再び始めた。D大学時代は「図書館長をやっていた先生が、ドイツ留学経験のある方だったんですけど、その先生から随分教わりました。テキストも難しい本で……」ということで、それなりに熱心に学んだそうだが、「その後、全然使わないものですから、すっかり忘れてしまった」。それはそうだろう。よほど何らかの事情がない限り、日本において第二外国語を日常で使用する機会はない。しかし、偶然にも放送大学でドイツ語を学ぶ機会を得た。

聞き手：ドイツ語はD大学時代の第二外国語以来ですか。
ソウジロウ：ええ。ちょうど昨年から先生が（ドイツ語）ゼミを始めてくれたものですから、それに入りました。これをこのまま放っておくのはもったいないと思って。基礎文法の復習は何とか終わって、簡単な古典、簡約版で易しく書き直したものを読んだりしていますが、こちらのほうは、さっぱり苦手で難しいです。

ドイツ語を学ぶのは、単にD大学時代の学習の再開ではない。目的は、もっとも熱心に学んでいる「統計学も新しい統計学、ベイズ統計学がはやっていますが、英語の本は出ていますけど、ドイツ語の解説書も出ています。ドイツの人たちがどのように評価しているのかを知りたいものですから、それを読みたくて」というところにある。さらには、「ドイツ語が非常にいいのは、たとえば、シュペングラーの『西洋の没落』というような有名な本がありますが、あれは内容が非常に素晴らしいです。

英訳もできていますが、ドイツ語でも何とか読みたいなと、柄にもなく思って」と、ドイツ語名著の名前も挙がる。「本は買ってありますが、どうも英訳本になってしまいます」と、ドイツ語の代わりが日本語ではなく英語であることに驚く。

3.2　統計学の学習を研究に

第一の目的である数学と第三の目的である経済学は密接に関連している。「社会と産業」コースに入学して、経済学の知識を一通りおさらいしつつ、近年の経済学の理解には欠かせない数学も入門から勉強しなおしていた。しかし、「解析学の入門とか、線型代数とか、統計学というのがありますが、だんだん難しくなってきて、手に負えなくなってきました」という状況に直面して困っていた。

聞き手：数学が難しいと思うことはありませんでしたか。

ソウジロウ：復習しても、何回みてもよく分からないところが出てきて、「これは困ったな」と思っていました。幸い学習センターには、数学の好きな人とか、得意な先輩が何人かいました。「どうもソウジロウは数学が分からなくて困っているようだから教えてやろう」ということで、私のためにサークルをつくってくれました。

聞き手：そうですか。

ソウジロウ：それで、一生懸命教えてもらって、少しは分かるようになってきました。……現在は統計学を一生懸命やっています。……修士論文がどうも中途半端に終わってしまったものですから、ベイズ統計を使って、それを何とか再分析しようとしています。

経済学と統計学を学ぶなかで考えたことは、「研究開発と収益の関係を重回帰分析して公式をうまく導き出せば、役に立つものができるのではないか」ということである。これは、研究における問いでもある。もう少し説明すれば、企業においては、研究開発に投資しても収益が上がるかどうかわからないために金の無駄遣いといわれている状況があるそうだ。それに対して、ソウジロウは研究所での勤務経験から、研究開発は決して金の無駄遣いではなく、長期的視点で考えれば会社の収益を上げるものなのではないかという思いをもってきた。これは、いわば、研究上の仮説である。そこで、この仮説（ソウジロウにとっては思いだが）、それをなんとか検証したいと考えたのであった。

その分析結果を大学の論文集に書いたところ、編集長の先生の目にとまり、この研究を進めてみませんかと誘われ、それが機縁で修士課程に入学し本格的に修士論文を執筆したのであった。なお、ソウジロウの分析データ収集のプロセスは本格的であった。分析に必要なデータを管轄しているスタンフォード大学に直接掛け合ったものの断られてしまったため、別のソースから細かいデータを時間をかけて逐一入力し、分析データを一から自分で作ったのである。このように苦労して作成したデータセットを用いて、修士論文では重回帰分析によって仮説を検証しようとした。しかし、伝統的な統計学を用いて書いた修士論文は、ソウジロウからすれば中途半端であり、「情報」コースにおいてベイズ統計を学びつつ再分析をして論文を書こうとしている。こうした学び方こそが知識獲得を超えたところにある、研究の境地であるように思う。

統計学を本格的に学ぶ契機が学習センターのサークルであったことはエイイチとも同様であり、仲間との学びは学習を深めていく重要な要素である。ソウジロウも、仲間との学びが楽しいことはもちろんで、「いや、本当に放送大学の仲間というのは、ざっくばらんというか、率直でいいです。……全然遠慮しませんから、それは大変いい仲間です」としみじみと語る。

それとともに、自分が見出した課題に対して自分で答えをみつけることにも楽しさを覚えている。〈大学固有の学び〉をここにみることができる。放送大学での学習にかける時間は、「一日何時間かはやっていましたけど、もっと集中するときは五、六時間とか、試験が近いときには一日じゅう」だという。「論文を書かないといけないもんですから、それだけは一生懸命やろうと思っていますが、時間がなかなか足りません」と、この学習態度にも驚くばかりである。

3.3　反省を学びの基盤に

このように学んでいるソウジロウだが、かつてD大学生だった頃の学びを振り返ると、その違いの大きさを端的に語る。

聞き手：同じ大学生でも、放送大学で学んでいるこの状態と、だいぶ前になりますけど、E大学で学んでいたときとは、やっぱり学び方の質の違いはありますか。

ソウジロウ：違います。新制大学に入った頃は、一応、所定の単位はとらなきゃいけないということもあって、単位をとることで一生懸命やっていましたけれども、それぞれ、それを深く突っ込んで勉強するという時間があまりとれなかったですね。それに、一年に何科目もとらなければいけませんから、勉強に追われていて消化するのが精いっぱい、なかなか深く突っ込んでやるというのはできなかった。学部の時代は、勉強が浅かった。

これは、大卒の学歴をもっている成人大学生の多くが語る言葉である。確かに、多様な経験を積んできた今からみれば、大学生活は何もかもが新しいことばかりで、追われるようにして過ごしていたということなのだろう。

それでもソウジロウは数学への関心が高く、入社してからもそれへの興味は尽きなかった。「数学にはなぜか関心がありました。それで、入社してからも理学部とか工学部の連中が入ってきて、「俺は数学をやったけど、このテキストはお勧めだ」なんていうものですから、それを買って読み始めました。最初は高等学校の数学でも分かるような説明で、「何だ、これは易しく書いてあるな」と思ったら、だんだん難しくなってきて、「これは大変だな」と思う頃、仕事が忙しくなって、行列式とか何かのほうも断片的に個人的にはやっていましたが、そういう時間がまったくとれなくなってしまったものですから、どうしても何とも未練がありました」とのことで、これが、放送大学への進学目的の第一である数学を理論的に学ぶことにつながっているのである。

D大学では経済学を学んだが、「本当は英文学がやりたかったんです。だけど、「英文学では就職のときに困るんじゃないの？」なんていわれて、極めて現実的な話で、政治経済をやったほうが、これから就職するにもいいんじゃないかという非常に単純な動機で選びました」という就職を見据えての学部選択をしたことが、放送大学進学の第二の目的である英語のブラッシュアップとなっている。

仕事では主に総務畑を歩いたが、今考えるとその過程で「非常に残念だと思う」ことがあるという。「総務部門というのは会社全体のことを考え……トップのほうに意見具申しなきゃいけないんですけど、その時間がほとんどなかったものですから、私は非常に申し訳ない」と思っている。そして「今、統計学を使って何とか分析しようと思っているのは、その償いというか、鎮魂歌を作っているようなものです」と述懐する。ただ学びたいという個人的欲求とともに、会社時代の仕事に対する反省の気持ちが、統計学を学び研究開発と収益との関係を明らかにしようとする現在の活動の基盤にあるようだ。

数学、英語、経済学、そして現在、学びや研究の中心にある統計学、いずれも若い頃の学びが不十分だったという自己反省が、ソウジロウを今の学びに駆り立てている。「私はやりたいことが山ほどあるので、くたばっているわけにはいかない」という言葉は、若い頃の学びに対する未充足感から発せられたもののように思う。

成人大学生、とくに時間に拘束されないという環境をもつ者は、追究しようと思うものがあればそこに多くのエネルギーをかけることができる。ソウジロウのように、その追究しようと思うものが、自分の問いに対して自分で解を導きだそうとする、いわば〈大学固有の学び〉、研究ともいえるような場合には、どこか使命感をもって進めているようにすらみえてしまう。こうした境地で学ぶ者は、成人大学生とて、それほど多いわけではないだろう。なぜそれが可能になるのかは、さらなる検討が必要であるが、ソウジロウの語りからは、これまでに学問（ディシプリン）にどのように触れているかが関係するように思う。確かに、大卒者ならば何らかの専門学問を学習しており、学問（ディシプリン）には触れている。しかし、それだけではない。学問領域の知識に加えて、そのディシプリンの考え方やアプローチを学んでいるか否かが、成人大学生の学びを研究に誘うか否かに関連するのではないかと考える。自らが課題とすることに対して問いを立てる、それに対してディシプリンのアプローチを用いて解を見出すという営みを、どこかで学んでいることが一つの決め手になるように思う。それは、若者大学生の時代に限定されるわけではなく、その後の多様な人生経験のなかでも得るもののように思う。

会社にいた頃を振り返ったとき、そこでの反省が研究上の問いに発展したソウジロウの事例はそのことを教えてくれる。

4．考　察――放送大学生の学びの特徴

放送大学の学生三人の学びからみえてくる、若者大学生と異なる成人大学生の学び、そこにおける学びの多様性から、〈大学固有の学び〉は成人大学生においてどのようにして可能になっているのかをまとめよう。

成人大学生は、自身の職業生活・家庭生活が確立しているなかで正規の教育機関におけるカリキュラムに沿って学ぶという選択をした者である。成人後に大学に進学するという選択は、何も必須というわけではない。したがって、若者大学生と比較すれば、大学進学において明確かつ強固な動機が前

提になっている。本章では、それを、学歴取得や職業上の有用性を求めてといった手段的動機、興味をもっている分野を学ぶ、疑問に思っていることを学ぶといった目的的動機に敢えて二分した。この進学動機は、進学後の学びのスタイルに直結するものである。

手段的動機で進学したサチコであるが、学んでいくうちに当初の目的を達成したら終了ではなく、次の学びを視野に入れ始め、目的的な学びに変容していくところが興味深い。サチコの場合は、次の学びを考え始めるなかで、当初は早く卒業したいとあまり高くはなかった正課に割くエネルギーは次第に増大し、必須ではない卒業研究をしたいと目的的な学びに変容している。

また、調査対象学生には、目的的進学動機をもつ者が多いことに、放送大学の成人大学生の特徴の一つを見出すことができる。これは、調査対象学生をスノーボール・サンプリングで集めたことにもよるが、それ以上に、放送大学生の学びのスタイルの大きな特徴である。エイイチもソウジロウも定年後に放送大学での学びを始めており、自由になる時間の多くを放送大学での学習に投入している。そして授業以上に、学習センターにおけるサークルやゼミに学びの意義を見出しており、それは仲間との集いとしての意味、人生の生きがいとしての意味も付与されている。

このように大学での学びが目的的である点に、成人大学生の特徴を見出すことができる。それは、上述のこれまでの研究によれば、動機づけの明確さでもって説明されていたが、放送大学の学生を見る限り、そればかりではない。期限のない学びができる、すなわち学習の途上で生じた興味関心を自己裁量で拡大できるという条件、学習センターにおけるサークルやゼミが、仲間との集いの意味をもつといった環境の存在が、目的的な学びを促進していると考える。

成人大学生の学びをさらに詳細にみていくと、そこには多様性もみえてくる。サチコは大学での学習は初めてである。いわゆる学問に初めて触れたといっても過言ではない。そのためか、心理学に興味はあってもその学習は、それなりに苦労をした。それが早く卒業したいという言葉となって表れている。その苦労を乗り越えて、学びの面白さに目覚め、次の学習となったわけだ。

それに対して、ほかの二名はいずれも大学を卒業しており、再学習の部類に入る。放送大学へ進学する以前にも、その仕事上、何らかの学習経験がある。したがって、放送大学の学習上の苦労は、言葉ほどにはみられない。何を学びたいか、その学問領域も明白である。エイイチはエンジニアとしてのキャリアにさらに力をつけるため「社会と産業」コースを、ソウジロウは前々からやりたいと思っていた数学、そして英語や経済学をと、それぞれ学びたいことが事前に決まっている。そして、二人ともグランドスラムまではいかないが、いくつものコースに加えて大学院まで修了している。そして、放送授業に飽き足らず、学習センターでのサークル活動（ゼミ活動）に熱心である。放送大学に長期間在学している大きな理由は、この仲間とともに学ぶゼミ活動が楽しく、生きがいや居場所になっていることにある。

こうした共通性をもつエイイチとソウジロウであるが、エイイチはどちらかといえば、学びの幅を拡げて多様な知識を得ることに楽しさを見出し、他方、ソウジロウは自分の問いに固執し、自分なりの答えを見出すことにエネルギーを注いでいるという違いがある。後者は、本書がキーワードとしてきた〈大学固有の学び〉に属するといってよいだろう。

この成人大学生の〈大学固有の学び〉を、若者大学生のそれと比較すれば、成人の場合、学問（ディシプリン）の営みを知っていることとともに、長期にわたる多様な人生経験が糧になっているように思う。

翻って、若者大学生を前にしたとき、手段的に学習せざるを得ない彼／彼女らが、いかにして目的的な学びの楽しさを体得することができるか、知識の獲得だけでなく、学問（ディシプリン）の営みを知ることができるか、大学教育の課題はこうしたことにあるのではないだろうか。成人大学生の三者三様の学びの姿は、若者大学生の学びの課題を浮き彫りにしてくれる。

注

1　全科履修生は、「生活と福祉」「心理と教育」「社会と産業」「人間と文化」「情報」「自然と環境」の六コースのどれかに所属し、四年以上在学して一二四単位を修得することで「学士（教養）」の学位が得られる。最長在学期間は一〇年。

2　専門学校卒の学歴をもつため、一二四単位の半分の六二単位で学士号が取得できる。

3　放送大学の名誉学生制度は二〇〇七年に設置され、その称号は、二〇一三年までは設置されていた五コースの修了者に、それ以降は六コースになったことに伴い、六コースの修了者に与えられている。

文　献

浅野志津子（2010）『生涯学習参加に影響を及ぼす学習動機づけと学習方略――放送大学学生を対象にして』風間書房。

石弘光（2012）『新・学問のススメ――生涯学習のこれから』講談社現代新書。

イノベーション・デザイン&テクノロジーズ株式会社（2016）『社会人の大学等における学び直しの実態把握に関する調査研究報告書』平成二七年度「先導的大学改革推進委託事業」。

文献

今津孝次郎・加藤潤編（2023）『人生１００年時代に「学び直し」を問う』東信堂。

関和子・冨永敦子・向後千春（2014）「オンライン大学を卒業した社会人学生の回顧と展望に関する調査」『日本教育工学会論文誌』第三八巻第二号、一〇一－一一二頁。

塚原修一・濱名篤（2017）「社会人の学び直しからみた大学教育」『日本労働研究雑誌』第五九巻第一〇号、二七－三六頁。

放送大学（2023）『放送大学アニュアルレビュー２０２２』放送大学 https://www.ouj.ac.jp/about/ouj/annual-review/annualreview2022.pdf
吉田文編（2014）『「再」取得学歴を問う――専門職大学院の教育と学習』東信堂。

終　章　大学教育の条件は何か――知見と考察

濱中淳子

1．本書の知見

二〇一九年四月一二日に日本武道館（東京都千代田区）で開催された東京大学学部入学式は大きな話題となった。社会学者・上野千鶴子氏による祝辞がマスコミやSNSなどで広く取り上げられたのだ。とくに注目されたのはジェンダーギャップや性暴力の問題について語られた部分だったが、祝辞には次のようなメッセージも含まれていた[1]。

あなた方を待ち受けているのは、これまでのセオリーが当てはまらない、予測不可能な未知の世界です。これまであなた方は正解のある知を求めてきました。これからあなた方を待っているのは、正解のない問いに満ちた世界です。学内に多様性がなぜ必要かと言えば、新しい価値とはシステムとシステムのあいだ、異文化が摩擦するところに生まれるからです。学内にとどまる必要はありません。東大には海外留学や国際交流、国内の地域課題の解決に関わる活動をサポートする仕組みもあります。未知を求めて、よその世界にも飛び出してください。異文化を怖れる必要はありません。人間が生きているところでなら、どこでも生きていけます。あなた方には、東大ブランドがまったく通用しない世界でも、どんな環境でも、どんな世界でも、たとえ難民になってでも、生きていける知を身につけてもらいたい。大学で学ぶ価値とは、すでにある知を身につけることではなく、これまで誰も見たことのない知を生み出すための知を身に付けることだと、わたしは確信しています。知を生み出す知を、メタ知識といいます。そのメタ知識を学生に身につけてもらうことこそが、大学の使命です。

（傍線は筆者）

振り返れば、本書は、上野氏が「すでにある知を身につけることではなく、これまで誰も見たことのない知を生み出すための知を身に付けること」（傍線部分）と語る学びを〈大学固有の学び〉と呼び、その立ち位置から学びの実態がどう評価されるのかを問うたものだったといえるだろう。〈大学固有の学び〉は、上野氏のみならず、多くの大学教員が細かな表現こそ違えど、言及してきたものである。大学教員が当然視する学びのスタイルだといえるが、私たちのインタビュー調査から浮き彫りになったのは、〈大学固有の学び〉にたどり着くのはレアケースであるという実態であった。図表終－1を参照しつつ、各機関タイプの様相を振り返っておこう。

＊　＊　＊

図表終-1　対象者12名の位置づけ

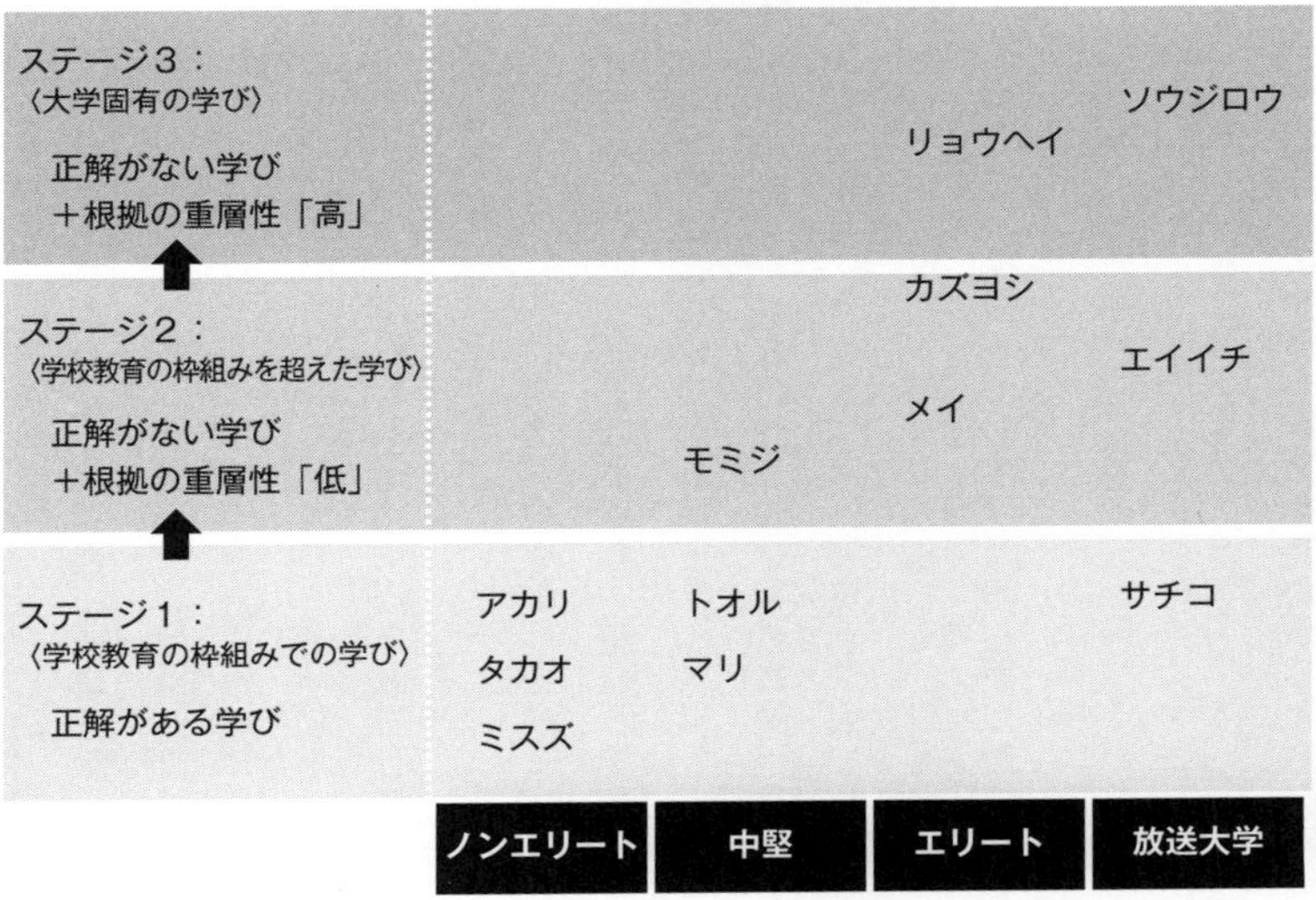
ステージ3：
〈大学固有の学び〉
正解がない学び
＋根拠の重層性「高」
リョウヘイ
ソウジロウ
ステージ2：
〈学校教育の枠組みを超えた学び〉
正解がない学び
＋根拠の重層性「低」
カズヨシ
エイイチ
メイ
モミジ
ステージ1：
〈学校教育の枠組みでの学び〉
正解がある学び
アカリ
タカオ
ミスズ
トオル
マリ
サチコ
ノンエリート
中堅
エリート
放送大学

第1章では、ノンエリート大学（N大学）を扱った。ノンエリート大学とは、エリート大学とは対照的に入学難易度が低い大学で、定員割れが多い。学習面で問題を抱える学生が多く集まるが、比較的優秀な学生も存在する。このノンエリート大学で正課にエネルギーを注ぐとはどういうことか。取り上げたのは、ミスズ、タカオ、アカリの三人の学びの物語だった。

まず、ミスズは高校を中退し、通信制高校を経てN大学に進学した学生である。学習面で大きな問題を抱えてはいたが、教職課程で苦戦しながらも地道に単位を取得していった。ただ、彼女の学びは受動的なものであり、〈学校教育の枠組みでの学び〉にとどまっている。

タカオは進学校から転落してN大学に進学した学生だった。心機一転、N大学では特別クラスで学び、トップクラスの成績を維持する。そのタカオの学びも、能動的でありながら、席順を意識した学びといった特徴をもち、正解のない課題について自ら答えを導き出そうとするものではなかった。

アカリは、地方の中堅高校出身であり、N大学のことを十分に調べないまま進学し、入学後すぐに学歴コンプレックスを抱えるようになる。そして、自己肯定感が損なわれる状況から身を守るべくすべての科目で「S」評価を目指し、ほとんどの科目で達成した。偉業ともいえる成果を出したアカリだが、そのアカリの学びも〈学校教育の枠組みでの学び〉の範囲におさまるものだった。

＊　＊　＊

第2章では、中堅大学（M1大学、M2大学）を扱った。キャリアイメージの影響という切り口を意識しながら読み解いたマリ、トオル、モミジの物語を要約すると、次のようになろう。

マリは小学生の頃から警察官になることを夢見ていた。高校卒業後に警察官になる選択肢も考えていたが、親の薦めもあり警察官になるにはぴったりの学科に進学する。マリにとって大学での学びは警察官になる準備として位置づけられ、授業には関心をもって臨んだ。とはいえ、深い学びや正解のない課題に取り組む機会は少なく、ゼミも「居場所」以上のものではなかった。

トオルは、入学時のキャリアイメージが不明確だったという学生に該当する。社会科科目が好きだという理由で社会学系の学科に進学したが、授業の多くをつまらないと感じるようになる。このようなトオルが正課にエネルギーを注いだのは、奨学金や卒業要件のためだった。トオルの学びは〈学校教育の枠組みでの学び〉にとどまり、最終的には先輩の影響で市役所職員を志望するようになる。

モミジは、キャリアイメージは漠然としながらも、地域問題に関心をもった状態で大学に進学した。奨学金で学費を賄ったことが学びへの意識を高め、教員に代わりゼミメンバーにアンケート調査の指導を行うという力もつけている。そのモミジからは、最終的にマリやトオルとは異なる学びの物語が聞かれた。つまり、卒論執筆で新たな発見に刺激を受け、知識獲得だけではない〈学校教育の枠組みを超えた学び〉へ足を踏み入れていた。

＊　＊　＊

第3章では、エリート大学（E大学）を扱った。エリート大学は高い入学難易度を特徴とし、多くの学生が厳しい競争を乗り越えて進学している。ただ、そうしたエリート大学生の学びも多様である。ここでは、メイ、カズヨシ、リョウヘイの学びの物語を取り上げた。

メイは、E大学に憧れを抱き、浪人して入学した。入学当初は授業に関心をもてずにいたが、ゼミに入った頃から姿勢が変わり、読書やディスカッションを通じて視野を広げていった。とはいえ、教員と話す機会は少なく、メイの学びのスタイルは多様な見方を吸収するというものにとどまった。メイの語りに〈大学固有の学び〉をみることはできない。

サッカー中心の高校時代を送っていたカズヨシは、怪我をきっかけに受験勉強に意欲をみせるようになり、半年の準備でE大学に合格。その後、学部の序列にコンプレックスを抱きつつも、フィールドワークで教員から「何で」と問い詰められる経験を重ね、考える力を養った。著しい成長だったが、カズヨシの思考は相手目線重視にとどまり、重層的な根拠から検討するという〈大学固有の学び〉まで到達することはなかった。

領域を吟味しないまま指定校推薦でE大学に進学したリョウヘイは、しばらく領域の面白さがわからずにいた。しかし、先輩たちと出場した国際法模擬裁判大会を機に国際法に関心をもつようになってからは、教員の助言のなかで国際法や社会問題解決への向き合い方を学べる場に自ら身を置くようになり、〈大学固有の学び〉を展開するようになった。

＊　＊　＊

第4章では、放送大学を扱った。年齢や社会経験といった条件を変えたとき、展開される学びがどのようなものか、その特徴を抽出しようと試みた。この章では、サチコ、エイイチ、ソウジロウの学びの物語を取り上げた。

サチコは専門学校卒業後に複数回の転職を経て、放送大学に入学した。心理学に関心を抱いての入学であり、主な動機は学位取得である。しかし心理学の知識を修得していくうちに学びの面白さに目覚め、領域を変更して再入学、卒業研究に挑戦する。ただ、卒業研究も調べ学習の延長上のようなものであり、まだ〈大学固有の学び〉に届いていない。

八三歳のエイイチは、定年退職後に放送大学に入学し、二〇年以上学び続けている。キャリアをさらに充実させたいという動機によるものであり、「社会と産業」コースをはじめ複数のコースを修了し、修士号も取得している。学びの活力源は放送大学の統計サークル活動だ。仲間との交流を楽しむエイイチだが、学びは知識獲得に軸を置いたものであり、〈学校教育の枠組みを超えた学び〉は展開していても、〈大学固有の学び〉のようなものではなかった。

ソウジロウは七〇歳近くで放送大学に入学した。「社会と産業」コースを卒業後、他コースや大学院修士課程で学びの幅を広げ、いまは自分で設定した問いについてベイズ統計を用いた分析で検討を加えている。一八歳のときに大学に進学したときは単位取得で手一杯だったが、いまは友人からの統計指導にも支えられた〈大学固有の学び〉を自律的に展開している。ソウジロウは会社勤め時代の反省から研究活動を続けていると述べていた。

＊　＊　＊

再確認したいのは、ここで取り上げた一二名が、インタビュー調査協力者八六名のなかでも、とくに正課に意欲的だと分類された学生＝〈学ぶ学生〉だということである。学びの特徴ごとに分布を確認すると（図表終－1）、ステージ1である〈学校教育の枠組みでの学び〉六名、ステージ2である〈学校教育の枠組みを超えた学び〉四名、そして〈大学固有の学び〉はわずか二名だった。〈学ぶ学生〉ですらこうなのであれば、正課に意欲的でない学生のうち、〈大学固有の学び〉ができている者はほとんどいないと考えてよかろう。大学教員が想定する〈大学固有の学び〉は、当然のように展開される学びではない。特殊事例なのである。

序章において、私たちは一九九〇年代以降の大学教育改革について「大きな穴がある」と述べた。「学生の学びや成長の理解が不十分であり、大事な観点が抜けている」とも述べた。この「大きな穴」、そして「抜けている観点」とは、以上で示した知見にほかならない。当然視されている大学での学びができていない。正課に意欲的に臨んでもできていない。大学教育のありようについて考える際、この実態は看過できず、だとすれば改革論議で〈大学固有の学び〉を支える条件を検討し、その条件から改善への道を描くことを扱わないわけにいかないのではないか。本書が提示したい第一の主張は、まさにこの点である。

そして一二人の学びの物語からは、いま述べた〈大学固有の学び〉を支える条件への示唆も見出すことができる。およそ次の二つが挙げられるだろう。

第一は、大学へ進学するまでに、〈学校教育の枠組みでの学び〉を十分に経験していることである。国語や英語、数学などの基礎学力がなければ大学での学びが成立しないという捉え方もできるだろうが、本書で強調したいのは、〈学校教育の枠組みでの学び〉を十分に経験していなければ、〈学校教育の枠組みでの学び〉を展開することが大学での学びの中心に据えられてしまうということだ。〈学校教育の枠組みでの学び〉の先にいくためには、入学前までに〈学校教育の枠組みでの学び〉の経験を十分に積んでおくことが大事になってくる。

第二は、大学教員による指導である。しかも短期集中ではなく、ある程度のタイムスパンで、学部時代の早い時期から要所要所で、マンツーマンに近い指導を受けることが望ましい。ここで〈大学固有の学び〉を展開していたリョウヘイの事例に引きつければ、一年生の秋に関心をもてるテーマに出会い、先輩とともに学ぶ経験をした後、大学教員の近くで学ぶ時間を過ごしていた。〈大学固有の学び〉を実現するためには〈大学固有の学び〉に精通している人から学ぶのが一番である。また、〈大学固有の学び〉の難しさを考えれば、大学教員による継続的かつ丁寧な指導があってはじめて実現できるものだというのは、自明の理でもあろう。

そして〈大学固有の学び〉から遠ざける条件についても触れておけば、「大学での学び＝手段」として捉える状況に身を置くことが挙げられる。就職活動で有利になるために良い成績をとる、単位を取得する、希望している職につく、仕事に役立つ学びをする、大卒学歴を取得する、といったことを目標に掲げる学生たちが〈学校教育の枠組みでの学び〉に終始していたことを思い出してもらいたい。手段としての学びは〈学校教育の枠組みでの学び〉の活性化をもたらすかもしれないが、〈大学固有の学び〉につながるようなものではないのである。

2. 大学教育という幻想

以上の知見をもって大学教育改革へのインプリケーションを示すとなれば、いったん次のようにまとめられよう。すなわち、正解のない課題について、根拠の重層性を担保しながら自分なりの答えを導き出す〈大学固有の学び〉が大学教育の真髄だとするならば、そうした学びが実現していない点こそ改革論議で扱われるべきではないか。そして取り組むべきは、第一に大学進学前（高校卒業まで）に〈学校教育の枠組みでの学び〉を十分に経験させること、第二に学部時代のはやい段階から研究テーマに出会い、大学教員による継続的かつ丁寧な指導が受けられるような環境を整備すること、第三に（手段ではない）学び自体を楽しむ余地を生み出し、積極的に経験させること、などである。

このインプリケーションはエビデンスにもとづくものであり、私たちはそれなりに説得力のある、同時にこれまであまり言及されてこなかったものだと判断している。その点は強調したいが、他方で、これらの示唆には容易に難点が指摘されることにも急ぎ触れておくべきだろう。難点を一言で表現すれば、実現可能性はかなり乏しい。

第一の「大学進学前（高校卒業まで）に〈学校教育の枠組みでの学び〉を十分に経験させること」については、大学入試の選抜機能が弱まっている昨今、どこまで期待できるのかがもはや疑わしい。加えて大学進学前に経験すべきは、〈学校教育の枠組みでの学び〉だけではない。〈大学固有の学び〉に近いとされる「探究」の経験が大学への適応に効果的であることは知られており、単純に〈学校教育の枠組みでの学び〉の重要性のみが主張されるわけではない。

第三の「（手段ではない）学び自体を楽しむ余地を生み出し、積極的に経験させること」については、授業の工夫やカリキュラムデザインで、ある程度の解決は見込まれよう。とはいえ、資格に直結する領域がそれなりの比率を占めている以上、またキャリアに対する不安が充満する時代が続いている以上、教育を手段として考える傾向が劇的に弱まるとはやはり考えにくい。

ただ、これら二つの困難以上に強調したいのが、第二の「学部時代のはやい段階から研究テーマに出会い、大学教員による継続的かつ丁寧な指導が受けられるような環境を整備すること」の難しさである。第一や第三の点は少子化や高校教育、あるいは大学と社会との接続のありようなどが絡む複雑な問題である。対して、この第二の点は大学が提供する教育環境の問題であり、まだ対処のしようがあるようにも思える。しかしながらこの第二の点も容易に条件が整えられるわけではなく、端的にいえば、「要所要所」の「マンツーマンに近い指導」をどの学生にも行うことは、物理的に不可能である。

大学教員であれば、あるいは大学教員に個人指導を受けた経験があれば想像できると思うが、学生の関心を聞き、それを理解したうえで〈大学固有の学び〉に近づけるべく助言をするには、それなりにまとまった時間を要する。専門領域にもよるし、どのような相談を受けるのか、どこまでアドバイスするのかにもよるが、仮にひとつの指導に三〇分かかるとしよう。他方で大学教員は当然ながら日々の業務を行っている。授業とその準備、所属先である大学の管理運営に関する会議や会合、事務処理などの雑用、自身の研究活動、講演や外部委員などの社会貢献活動等々。学会関連の作業（広報や会計などの作業やセミナー企画、学会大会準備、投稿論文の査読や書評執筆など）を担当している大学教員も少なくない。

大学教員の時間の使い方に関する調査はこれまでにいくつか行われているが、例として二〇一八年度文部科学省委託事業で実施された「大学等におけるフルタイム換算データに関する調査」報告書（実施機関：日経リサーチ）を参照すれば、授業期間中、大学教員の平均的な一日における職務時間は九時間一八分である。これに学生三人の相談を受ければ職務時間は十時間四八分に増え、五人の相談を受ければ一一時間四八分に増え、一〇人の相談を受ければ一四時間一八分にまで増える。ただ、一〇人は多すぎるだろうから、五人で考えよう。一一時間四八分を平日一か月（二二日）続けたとすると、一か月の職務時間は二五九時間三六分。これは一か月あたりの残業時間八三時間三六分に該当する。なお、一般的に過労死ラインだといわれているのは「残業時間月八〇時間」。学生五名から個人指導を申し込まれ、日々対応することは、大学教員が過労死ラインに近づくことを意味するのである。

以上は数字の遊びにすぎない。ただこうした遊びを披露してまで指摘したいのは、学部一年生から質問や個別指導希望が大量に寄せられ、それが二年、三年、四年と続くのは、大学教員にとって歓迎することでありながら、パンク状態を生み出すという点だ。しかも個別指導すべき対象は大学院にもいる。修士論文や博士論文を執筆する学生への指導は三十分などでは到底足りず、だとすれば、はたして学部学生の個別対応にどれほどの時間をあてることができるのか。第二の「学部時代のはやい段階から研究テーマに出会い、大学教員による継続的かつ丁寧な指導が受けられるような環境を整備すること」は時間資源の問題として捉えるべきであり、やや皮肉を込めていえば、リョウヘイの〈大学固有の学び〉が成立したのは、リョウヘイのように個人的に大学教員の指導を受けようと動く学生が、ごく限られていたからである。リョウヘイの所属学部の定員は一学年数百人、学部全体となると学生数はこの四倍である。これらの学生が次から次へと大学教員に助言を求める状況だったとすれば、リョウヘイの学びの物語はどうなっていたか。もっと貧弱なものだったのではないかと推察される。〈大学固有の学び〉をかなりの範囲で実現するのは、少なくともいまの日本の大学では、幻想のようなものである。

3．大学教育の条件

社会学者の佐藤郁哉は、自らが編者を務めた『五〇年目の「大学解体」二〇年後の大学再生――高等教育政策をめぐる知の貧困を越えて』（京都大学学術出版会、二〇一八年）のなかで一九九〇年代以降の大学改革にはらむ問題点を厳しく指摘した。改革では大学に社会変革のエンジンになることを求めながら十分な支援が行われておらず、結果として政策側と大学側が互いに真意を読みあいながら「落としどころ」を探るゲームに陥っているという。そして大学を再生させるためには、身の丈に合った明確な「目標」を定め、「目標」の具体的実現方策について自分の頭で考え抜いたうえで結論を出し、借り物ではない自分自身の言葉で表現することが必要だと説く。

多くの学生に〈大学固有の学び〉を経験させるよう大学教育を立て直すことは、はたして佐藤のいう「身の丈に合った「目標」」になり得るのだろうか。上述のように、いまの日本で〈大学固有の学び〉を広く展開することは、もはや幻想である。だとすれば、別の目標をたてる——〈学校教育の枠組みでの学び〉を徹底して行い、そのうえで可能な範囲で〈学校教育の枠組みを超えた学び〉を経験する場となることを目指し、そのための大学教育改革に邁進する。内容については高校までの教科とは異なる「ディシプリン」あるいは「特定の社会問題」などに切り替わる。けれども学び方に関しては高校時代とさほど変わらない。そしてもし仮に〈大学固有の学び〉を目標に組み込むのであれば、それは実現可能性の高いエリート大学の目標として割り切る。たとえばこれをこれからの大学教育のシナリオとするのだ。

なるほど、本書で示してきた学びの実態を踏まえると、かなり現実味を帯びた選択肢といえるように思われる。いや、正課に意欲的ではない学生にも充実した〈学校教育の枠組みでの学び〉や〈学校教育の枠組みを超えた学び〉を経験させることを考えれば、これでもかなり高いハードルの目標だといえるのかもしれない。

とはいえ、やはり〈大学固有の学び〉を目標とする途を探ることもせず、以上のシナリオに甘んじるのは、短絡的にすぎるようにも思われる。大学で〈大学固有の学び〉が展開されないとなると、それは大学の存在意義の問題にもなろう。私たち自身、関係者として足掻きたい気持ちもある。では、どのように可能性を見出すのか。〈大学固有の学び〉という目標の具体的実現方策として何が挙げられるか、議論を締めくくるにあたって、この点を考察しておきたい。

シンプルに考えれば、〈大学固有の学び〉を広く展開するためには、高校〈大学入学前〉までの改革なども必要となるが、大学教育改革の文脈では、なにより大学教員の時間資源を拡充する施策を打ち立てることが求められることになろう。そして必要な時間資源はかなりの量になるため、会議の削減といった方法では到底足りず、担当授業数の調整といった教育活動の「本丸」に切り込む必要もでてくるだろうし、[2] 同時に教員の仕事を部分的に担ってくれるような人員の拡充、さらに教員数自体の大幅な拡充を考える必要もあると判断される。詰まるところ、米国から輸入される小道具でもない、授業改善といったレベルのものでもない、さらなる資源の投入が求められるということである。

資源の問題の重要性はいくら強調しても足りないが、とはいえ、本書がみてきたことからは資源論以外の観点も指摘される。そしてそれこそが本書独自の視点といえるかもしれない。手掛かりとなるのは、放送大学で学ぶソウジロウの物語だ。ソウジロウの学びについては本章冒頭で簡単な振り返りを行ったが、その記述をいま一度引いておこう。

> ソウジロウは七〇歳近くで放送大学に入学した。「社会と産業」コースを卒業後、他コースや大学院修士課程で学びの幅を広げ、いまは自分で設定した問いについてベイズ統計を用いた分析で検討を加えている。一八歳のときに大学に進学したときは単位取得で手一杯だったが、いまは友人からの統計指導にも支えられた〈大学固有の学び〉を自律的に展開している。ソウジロウは会社勤め時代の反省から研究活動を続けていると述べていた。

ソウジロウのキーワードを挙げるとすれば、まず、「学びの幅を広げ」「友人からの統計指導」「自律的」といったところになろうか。すなわち、ソウジロウ自身が学びに貪欲であり、彼には学びに積極的な友人たちがいたことに留意する必要があるが、他方で以上の語りにはストレートに「大学に進学したときは単位取得で手一杯」「会社勤め時代の反省」という特徴もみられる。ソウジロウをもってしても一八歳で進学したときは〈大学固有の学び〉ができておらず、〈大学固有の学び〉をするには、会社勤めの反省というエンジンを得ることが必要だったということである。

考えてみれば、高校卒業後にすぐ大学で学ぶ四年間というのは、多くの学生にとって〈大学固有の学び〉をするには長いようであまりに短く、また時期として早すぎるのではないだろうか。そして、こうした理解を土台にすれば、次のような発想の転換が必要だということも指摘されよう。つまり、大学は、正解のない課題について根拠の重層性を担保しながら自分なりの答えを導き出す〈大学固有の学び〉をする場である。ただ、その学びはかなり難易度が高く、場合によっては四年を超えて在学する、あるいは社会に出てから再度キャンパスで学ぶという経験をしなければ到達できない。大学はこのように、柔軟なスタイルで〈大学固有の学び〉を目指す場である――。

この道筋については、三つほど補足しておきたい。

第一に、四年間以上の在学や社会人になってからの大学学部への再入学を重要な前提とするならば、その学費の負担をどう考えるのかという問題が立ち上がる。日本において、学費が家計に深刻な負担を与えている点についてはこれまでも多くの研究者が指摘しているが（矢野・濱中 2006、小林 2008など）、その検討の重要性がさらに増すといえるだろう。結局は資源の議論が必要になるということだ。

第二に、高校卒業後にストレートで進学する四年間で〈大学固有の学び〉に到達できなかったとしても、その四年間に意味がないというわけではまったくない。四年間で「大学での学びは社会とつながっており、意味がある」ということが実感できれば及第点といえるかもしれない。その実感こそが、再び大学で学ぼうという意欲を生みだすと考えられるからだ。キャンパスに戻ってこなければ、大学ならではの学びの物語はそこで止まってしまう。また、ソウジロウの語りからは、ディシプリンの知識というより「考え方」や「アプローチ」を四年間で学んだことが、その先につながっていることもうかがえた。柔軟なスタイルで〈大学固有の学び〉を目指す場にするのであれば、そのための種まきも意識的に行っておく必要がある。

第三に、昨今、高等教育におけるリカレント教育の議論が盛んになっている。そしてその議論のなかでとくに注目されているのが、大学院での学び直しである。高学歴化が進むなか大学院がその舞台になるのは理解できるが、学び直しの主要な場を大学院に設定するとすれば、学部教育の「目標」についても改めて検討する必要が出てこよう。そしてこの場合、大学（学部段階）において〈大学固有の学び〉を展開するための施策抽出は、ほぼ解くことができない難問（アポリア）となることが想定される。

＊　＊　＊

断っておくべきは、以上の考察も十分な吟味を重ねたものではないということである。とりわけソウジロウの学びの物語に発想を得た指摘については、「四年を超えた在学」や「学部での学び直し」

という馴染みのない要素を含んでおり、現実からの距離があるものだといわざるを得ない。思いつきのレベルを超えたものではないが、それでもあえてここで提示したのは、これまでにない実証分析や理念の検討を行うことで、新たな切り口が設定され得ることをわかりやすく伝えたかったからである。

そもそも本書で扱えたこと自体、大きな限界がある。社会科学系に限定した調査であり、対象とした機関も五つにすぎない。大規模なインタビュー調査を行ったといえども、描き切れていない側面は多く残されている。さらなる検証が必要なことはいうまでもないが、改革の成果が感じられない三〇年余りという時間の長さを念頭に置くと、この叩き台の段階でも試案を提示することに意味があると考えた。

まだ大学教育改革を続けるのか、という声もあろう。大学はすでに疲弊しているという叫びも聞かれる。しかし、本書が示した学びの実態を踏まえる限り、現状に甘んじるという選択肢はないはずだ。日本の大学はどこへ行くのか。問題の本質を見据えた議論の蓄積こそが、次世代の大学を導く羅針盤になる。現状を変えるために必要なことは、実証分析と理念の検討を粘り強く続けることであり、それが私たちの未来を切り開く唯一の途である。

注

1　ここでの引用は、以下のサイトを参照した。https://www.u-tokyo.ac.jp/ja/about/president/b_message31_03.html（二〇二四年三月一日参照）

2　文部科学省「学校教員統計調査」によれば、二〇二二年度現在、大学教員の平均週担当授業時数は八・九コマである。対して、やや古いデータだが、米国ではこの値が四コマほどとも示されており（中央教育審議会大学分科会大学教育部会第一〇回資料（二〇一二年））日本の大学教員の授業担当負担の重さが見受けられる。

文献

小林雅之（2008）『進学格差——深刻化する教育費負担』ちくま新書。

佐藤郁哉編（2018）『50年目の「大学解体」 20年後の大学再生——高等教育政策をめぐる知の貧困を越えて』京都大学学術出版会。

矢野眞和・濱中淳子（2006）「なぜ、大学に進学しないのか——顕在的需要と潜在的需要の決定要因」『教育社会学研究』第七九巻、八五-一〇四頁。

【解説③】大学生の学びは大学内で完結しない

山内乾史

本書では〈大学固有の学び〉に着目して大学生の学びをみてきたのだが、大学生の学びは大学内で完結するものではない。当たり前のことのようであるが、この視角から大学生の学びを捉えようとした研究は、管見の限りでは少ない。つまり、大学目線ではなく、大学生目線で大学生の学びを捉え直す必要があると考えるということである。

この意味で（近年少なからぬ大学でみられるような）医療系や自然科学系を模範とする大学教育改革は、少なくとも中堅以下の社会科学系の大学生の学びに適合しないのではないか、という疑問がわくのである。たとえば、「中堅大学生の学び」で言及されている金子の類型は「大学生」という一括りで大学生の文化を把握しようとするものである。もちろん、こうした類型が、かなり複雑な学生文化をビジュアルに類型的に把握することを可能にしたという功績は評価しなくてはならない。ただ、あくまでもこうした類型は大学生全体についてであり、学問領域ごとにかなり異なることは予想される。先に述べたように、医療系、自然科学系など「大学内での学び」にかなり拘束され、またそれが職業準備の観点からも高い合理性を有する学部については、これらの類型論は極めて有効である。しかし、「大学内での学び」に縛られず大学外にも広く学習リソースを求める社会科学系の学生にとっては、当てはまりにくい。なぜなら、これらの諸類型は大学内での学習上の活動、行動を重視しており、大学外での活動、行動を対等に評価しない、というよりもむしろ大学内での学習、行動を疎外するものとさえ捉えているようにみえるからである。

またこうした諸類型はあくまでも理念型であり、現実の学生文化にはこれらの諸類型の組み合わせもみられるだろうし、学年間の差異もあるだろう。たとえば、クラーク＝トロウの類型でいえば、一年生時には単位取得に熱心に取り組み「学問型」に近かったが、二年生になって余裕ができアルバイトをはじめ小銭をもつと「遊び型」になり、さらに三年生以降は社会に出ることへの意識が高まり「職業型」になるなど、複数の類型を渡り歩く学生もいるだろう。また、学問領域間の差異だけではなく、地域間の差異もあろう。

大学生の学びを評価する軸が国立大学や医療系、自然科学系学部を基準にすると、私立大学や社会科学系は「大学内での学び」が少ないことをもってネガティブに評価されることになりかねない。中堅大学以下の社会科学系の学生の大半にとっては、「大学生の学び」は社会に出る前の最終段階の学びであり、ほぼすべてのインタビューした学生が大学院への進学はまったく考えておらず、将来的にも再び大学に戻る可能性は低いと回答している。少なくともインタビューした学生たちからは、大学教育の目的に沿わず疎外されているというネガティブなイメージではなく、むしろ、ほかの学習リソースとの兼ね合いを考えながら、試行錯誤を繰り返し、手探りしながら自らの学びの世界を構築し、社会に出る準備をしようとしている姿がうかがえるのである。

大学教育のなかで、自己の成長を図る機会は、多くはゼミ、研究室、クラブ、サークルなどのスモール・ユニットに所属することを通じてなされる。社会科学系以外の学生であれば、学生がとくに自分から積極的に働きかけずともゼミや研究室というスモール・ユニットに所属することになるわけであるが、社会科学系の学生の場合には、自ら動かないとスモール・ユニットに所属することが難しい。ゼミでさえも十分なスモール・ユニットではない場合があるのだ。

いいかえれば、自分がどのようなスモール・ユニットに所属するのか、そのスモール・ユニットにどの程度関わるのかを自律的に決定し、自らの学びを構築していくのが実態なのではないか。学生は、自分の成長、自己実現などの観点から、どのような（内容・濃度の）スモール・ユニットを選び取るのか、それらをどのような比重で組み合わせるのかを未熟ながらも考察し、これらが自分にとって最適になるように取捨選択しているのではないのだろうか。繰り返すが、大学生の学びは大学内で完結しない。大学外のスモール・ユニットも含めて、大学生の学びは社会に広く展開する。医療系や自然科学系学部の学生にとっては、大学内・学部内・研究室内のスモール・ユニットが大きな比重を占めるだろうが、すべての学生がそうなるわけではないし、すべての学生にとってそうあるのが望ましいとはいえないだろう。大学外のスモール・ユニットを取り入れて、大学内での学びも取り入れつつ、学生ひとりひとりが自らの学びの世界を主体的に構築していくというのが実態であるといえるのではないだろうか。すなわちスモール・ユニットに所属しない、あるいはコミットしようとしない学生はまた別の学びを模索しており、多様な学びが存在しているということである。

参考文献

金子元久（2013）『大学教育の再構築——学生を成長させる大学へ』玉川大学出版部。

金子元久（2007）『大学の教育力——何を教え、学ぶか』ちくま新書。

補論① 大学の成績は何を意味しているのか
――社会科学系大学生を対象としたアンケート調査から

大多和直樹

1. 問題設定

本書では正課にエネルギーを落とした学生の語りを分析してきた。正課に力を入れた学生らの語りからは、彼／女らが良い成績をとっていることがうかがわれたが、この補論では、大学の成績が何を意味しているのかについて考えていく。

成績とは、いうまでもなく大学での学びの成果を示す指標である。日本では通常、授業ごとにS、A、B、C、D等のグレードでつけられ、近年では、大学教育改革の一環としてAなら何点、Bなら何点とそれぞれのグレードに点数をふって全取得単位の総平均を算出してGPA（Grade Point Average）という得点で示すことも行われている。また、かつては受講生全員にA評価をつけるような教員もいたが、大学教育改革のなかで成績評価が厳格に行われるようになってきている（中央教育審議会 2008など）。これらの動きから、成績が学びの成果の指標として精緻化されるようになってきているといえるだろう。

他方、大学の成績証明書への社会的な信頼度、とくに就職の際に企業がどれだけ成績を重視しているのか、という点では、成績の有効性は疑問視されたままである。最近でも、就職情報サイト等では「就職活動において、成績の良し悪しはほとんど関係はありません（中略）成績が選考にあまり関係しない理由は、在学中の勉学の能力が仕事にさほど影響しないことに加えて、大学内での評価のため重要視する企業が少ないことが挙げられます」（就活の未来 2024）という見解がみられる。

また、昨今の大学教育においては、「近年では世界的に、従来の学力や学問中心の教育から、コンピテンシーの育成を重視したコンピテンシー・ベース教育への移行が見られている」（お茶の水女子大学・コンピテンシー育成開発研究所 2023：1）としたうえで、必要な能力としてのキーコンピテンシーの育成に努める動きが顕在化してきている。その好例として挙げられるのが、お茶の水女子大学・コンピテンシー育成開発研究所の取り組みである。すなわち、当該研究所では、成績とは別にコンピテンシーを測定するツールが開発され、学生に参加を呼びかけている。学生の学びや成長を捉える主軸に成績が用いられない背景には、こうしたこともあるように思われる。[1]

ところで、高校研究、とりわけ筆者がこれまで行ってきた生徒文化論は、生徒が同調する文化を規定するものとして、学業成績を最重要視してきた。ここで明らかにされてきたのは、成績が良い生徒ほど向学校文化に同調しやすく、反対に成績が悪い生徒は反学校文化に同調しやすいということであるのだが、興味深いことに、成績の分別力については、授業態度や規則遵守の意識のほか、バイク等への関心や髪型などの趣味に至るまで広汎に及んでいること、高校階層構造の下位に位置づく高校にも同様の傾向がみられることが明らかになっている（耳塚 1980、千葉・大多和 2007、大多和 2014 など）。

日本の高卒就職においては、生徒が学業成績によって選抜され、「いい成績」の生徒が「いい」企業へと推薦される仕組みが存在していた。これは、単に勉強がよくできるにとどまらず、勤勉で規則を守り、熱心に授業を聞き、他方で喫煙などの逸脱的な事象への興味が高くない生徒を選抜する仕組みでもあった。これについて、苅谷（1991）は、ノンエリート人材が、いわば十把一絡げに質の低い労働力とみなされてしまう低位同質化の傾向をもつ米国との違いを強調する。すなわち、一九八〇年代の日本の高校教育においては、学業成績による選抜を行ったがゆえに——高校の学業そのものと就職後の仕事のレリバンスは高いわけではないのにもかかわらず——ノンエリート層の優秀な人材を掬いだし、低位同質化を避けることができたというのだ。当時の日本社会の経済を支えていたのは、こうした日本の選抜システムだった。

この補論で扱いたいのは、いまこの時代になり、大学の成績にも、認識されていないだけで、当時の高校と同じような分別力が生まれつつあるのではないかという問いである。このような関心をもとに、以下では、成績を軸に大学生の学びをみていく。具体的には、本書で問題にしてきた〈学校教育の枠組みでの学び〉と〈大学固有の学び〉（正確にはその前提となる経験）のありようを、成績がどの程度示しているのかということを検証する。つまり、大学教育において成績が何を意味しているのかについて、その一端を明らかにすることが本補論の目的である。

2．分析課題の設定

筆者が設定する仮説は、成績という指標によって、学生の学びや経験の分化をみることができるというものである。これまでも本書では、インタビュー調査からそれぞれの大学の類型における学びの実情を浮き彫りにし、同じ大学に属していても学生による学び経験に違いがあることを明らかにしてきたが、そうした学び経験の違いを成績という指標で捉えられるのではないか。この成績の分別力を意識しつつ、ここでは具体的に次の分析課題を設定する。

第一に、本書の〈学校教育の枠組みでの学び〉と関係が深い、授業への参加や授業内容の理解について、成績の分別力を検討する。すなわち、授業に出席し、また、授業内容を理解しているとすれば、おのずと成績が良くなることが考えられるが、まずはこの基礎的な点について確認しておきたい。

第二に、〈大学固有の学び〉の前提となる経験の有無（程度）について、成績の分別力はどう評価されるのかを明らかにする。ともすれば、成績の良し悪しは優等生かどうかを示すにすぎないという俗流な考え方があるかもしれない。しかし、学業成績の意味を多面的に検証してきた生徒文化論の立場からすると、成績は優等生であるか否かを超えて、探究的な学び経験の違いも反映している可能性が想定される。そしてこの可能性は、〈大学固有の学び〉を大事にする大学であれば、なおさら想定されるということもできるだろう。

第三に、成績の分別力が大学ランクごとにどう異なっているのかを明らかにする。大学教育がユニバーサル化した状況では、とくに量的拡大の担い手である入学難易度が中程度以下の大学において、大学教育以前の基礎的な知識習得に課題があり、その知識習得不足が学生の学びを阻害する要因となっていることが考えられる。とすれば、とりわけユニバーサル化の担い手になった大学ほど、成績がもつ意味が大きいのではないかということも予測されよう。データの限界はあるが、本補論ではこの点についてもアプローチすることを試みる。

3．方　法

3.1　データの概要

以上の課題に取り組むにあたって、ここでは、私たちが二〇二三年一〇月に社会科学系大学生を対象に実施したアンケート調査のデータを分析する。サンプルは九〇〇人以上にのぼったが、残念ながら入学難易度の低い大学については、回答が一六〇人規模にとどまり、成績ごとの分析を行うのは厳しいと判断した。そこで、今回は、難易度の高い大学（【高難易度大学】）と中程度の難易度の大学（【中難易度大学】）という二つの大学群で試論的に比較分析を行う。

学生の所属大学をランク別にみると、【高難易度大学】三七〇人、【中難易度大学】三九四人となった。なお、大学ランクは、「あなたの通っている（いた）大学は、次のどれにあてはまりますか」という質問項目に「入学難易度が非常に高い大学（旧帝大・早慶ランク）」と回答した者（七二人）と

「入学難易度が高い大学（地方国立・有名私大ランク）」と回答した者（二九八人）を合わせて【高難易度大学】とし、「入学難易度が中程度の大学」と回答した者（三九四人）を【中難易度大学】としている。【高難易度大学】といっても、旧帝大・早慶ランクの学生が二割弱ほど含まれるに過ぎないことに注意が必要である。

3.2　分析に用いる尺度

検証のために用いるのは、①成績、②大学入学以降の学び経験、の二つになるが、それぞれ具体的に次のように設定した。まず、①成績については、GPA三・五以上を【高成績学生】、GPA二・五以上三・五未満を【中成績学生】、GPA二・五未満を【低成績学生】とした。そして、②大学入学以降の学び経験については、以下の七つの質問項目を用いることにした。

授業参加・授業理解に関連する項目

- 大学の授業に力を入れている（三年生以降）
- 授業中、スマホをみるなど、授業と関係ないことをしていることが多い
- 授業の内容についていっていないと感じることがある
- 学ぶことが多くて、ひとつひとつに集中することができない

学びの経験（〈大学固有の学び〉の前提となる経験）に関連する項目

- 「なぜ」「どうして」という観点から物事を考える経験を積んだ

▼　正解のない問題について、複数の根拠から自分なりの答えを導く

▼　学問や研究について教員から直接指導を受ける機会は多いほうだった

以上の七項目は、いずれも「1（まったくあてはまらない）～4（どちらともいえない）～7（とてもあてはまる）」という七段階尺度で答えてもらっている。そこで、ここでは、「どちらともいえない」を「0」とし、プラス方向、マイナス方向に1ずつ増加させるかたちで「1」～「7」を「-3」「-2」「-1」「0」「1」「2」「3」と得点化した。

以下、大学ランクかつ成績ごとに平均値をとり、どのような傾向が見出されるか、検証していく。

4．分　析

図表補①-1をみてもらいたい。これは「成績」と「大学の授業に力を入れている（三年生以降）」との関係をみたものである。ここからは、明確な関係があることがわかるだろう。【高難易度大学】では、【低成績学生】マイナス〇・二七、【中成績学生】〇・五五、【高成績学生】一・三三であり、成績の高さが授業に力を入れていることを意味しているのがうかがえる。【中難易度大学】でも【高難易度大学】と同様の結果となっており、【低成績学生】マイナス〇・三一、【中成績学生】〇・四三、そして【高成績学生】一・二三と明確な差異がみられる。成績は学生の授業への力の入れ具合いを反映しているといえばごく当たり前に映るかもしれないが、まずはおさえておきたい基本的事項として

提示したい。近年の大学教育改革は、たとえばアクティブ・ラーニングの導入など授業改善を軸に行われているが、これも含めて、成績は正課に費やすエネルギーを測る指標としてみることができそうである。

次いで、授業参加に関わる「授業中、スマホをみるなど、授業と関係ないことをしていることが多い」をみてみよう（図表補①-2）。ここでも【高難易度大学】と【中難易度大学】ともに成績による差異がみられる。不真面目な受講態度に関しては、難易度の低い大学で横行しているというようなイメージがあるが、そうしたなか、【高難易度大学】の【低成績学生】グループで〇・七九という高い値がみられることは注目される。【高難易度大学】でも授業中に授業と関係ないことをしている学生は一定数おり、そしてその行動は成績の低さから推測されるものとなっている。

他方で、授業の内容理解を意味する「授業の内容についていっていないと感じることがある」については、これまでとは異なる様相がみられた（図表補①-3）。すなわち、【高難易度大学】では【低成績学生】〇・二五、【中成績学生】マイナス〇・七〇、そして【高成績学生】マイナス一・〇九となっており、成績による差異がみられ、その成績が授業の理解度を反映していることがわかる。対して、【中難易度大学】では、成績と授業理解度には有意な関係がみられない。【中難易度大学】の成績は、授業参加の度合いを推し量ることはできたとしても、授業の理解度に関しては事情が異なるということだ。もしかしたら【中難易度大学】では、ほとんどの学生が理解できる範囲で授業が行われており、それゆえこのような結果が出ているのかもしれない。[2] 逆に【高難易度大学】では、学生の理解度に差異が出るような授業が行われているからこのような結果になっていると考えることもできるだ

図表補①－1　大学ランク別にみた「成績×大学の授業に力を入れている（三年生以降）」

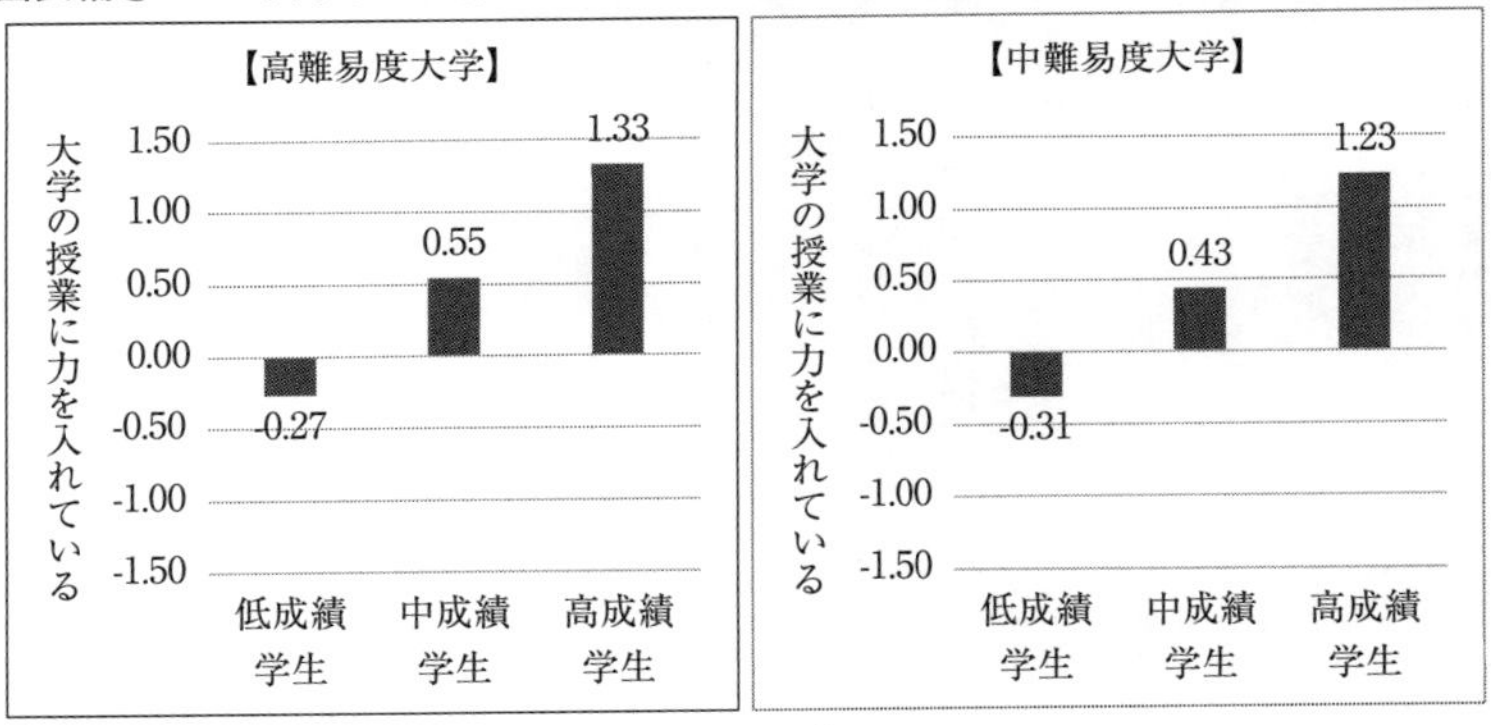

F 値 24.098**　　F 値 19.957**

図表補①－2　大学ランク別にみた「成績×授業と関係のないことをしている」

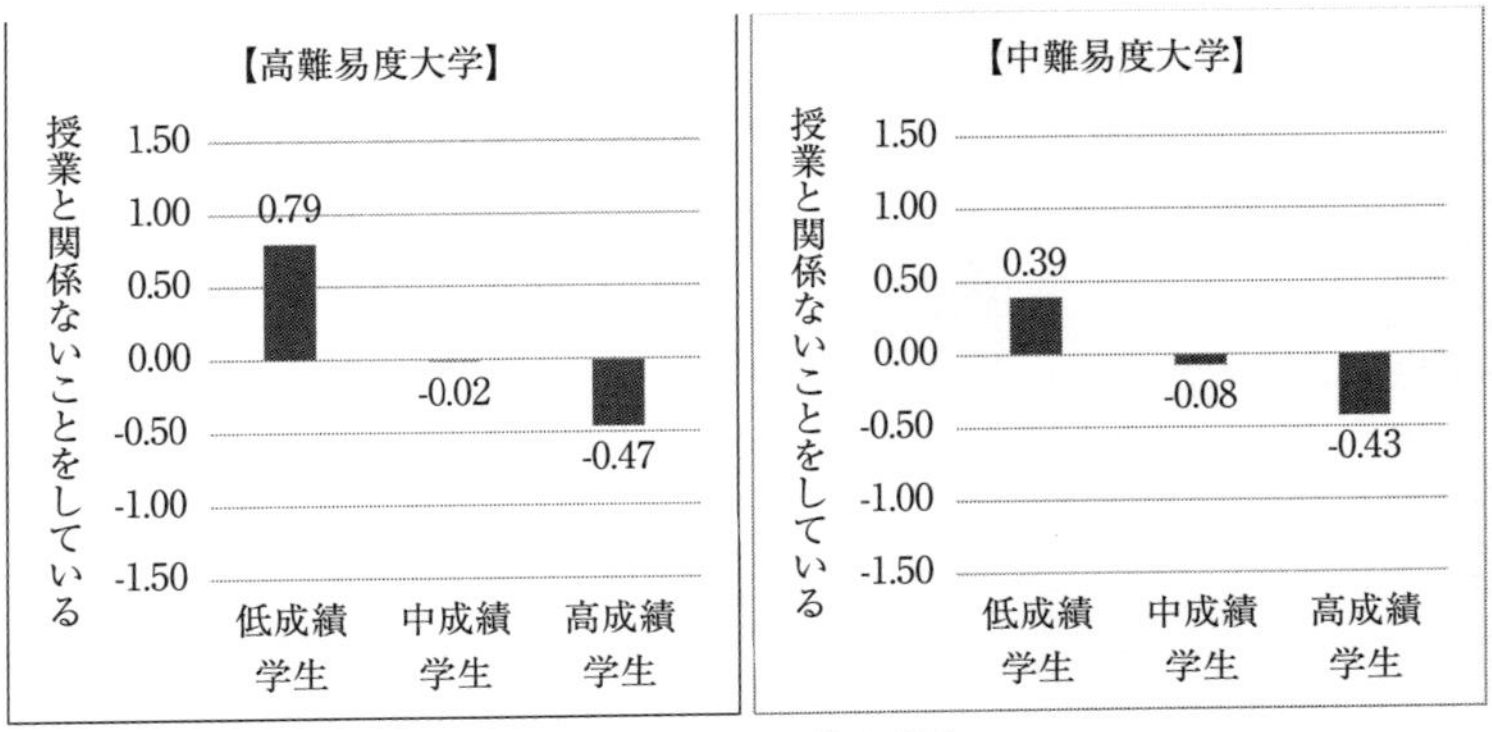

F 値 11.550**　　F 値 4.474*

ろう。

なお、【高難易度大学】において図表補①−3のような結果が得られた背景については、「学ぶことが多くて、ひとつひとつに集中することができない」という意識が【高難易度大学】の【低成績学生】で〇・〇八となっており、【中成績学生】マイナス〇・四六、【高成績学生】マイナス〇・八一を引き離していることも関連しているように思われる（図表補①−4）。【高難易度大学】の【低成績学生】は、レベルの高い授業が数多く展開されることで、いわば「あっぷあっぷしている」のではないか。日本の大学は、世界的にみても単位数・授業数が多いといわれる。「あっぷあっぷしている」状況で多くの授業を履修するのはかなり大変であり、授業への意欲も失っていくことが懸念される。

では、学びの経験、とくに〈大学固有の学び〉の前提となる経験についても、成績による差異がみられるのだろうか。「「なぜ」「どうして」という観点から物事を考える経験を積んだ」、および「正解のない問題について、複数の根拠から自分なりの答えを導く」という二つの項目をみると、成績による得点の差異が抽出された（図表補①−5ならびに図表補①−6）。いずれも、成績が良いほど、物事を深く考える経験や正解のない問題への取り組みがある学生であることを意味しており、〈大学固有の学び〉の前提となる経験の多寡が成績からうかがい知れることがわかる。

特筆すべきは、【中難易度大学】においても、「「なぜ」「どうして」という観点から物事を考える経験を積んだ」かどうかが、成績にはっきりとあらわれていることである。授業の理解度に関しては成績の分別力が確認されなかったにもかかわらず、この項目の【高成績学生】と【低成績学生】の数値

図表補①-3　大学ランク別にみた「成績×授業の内容についていっていない」

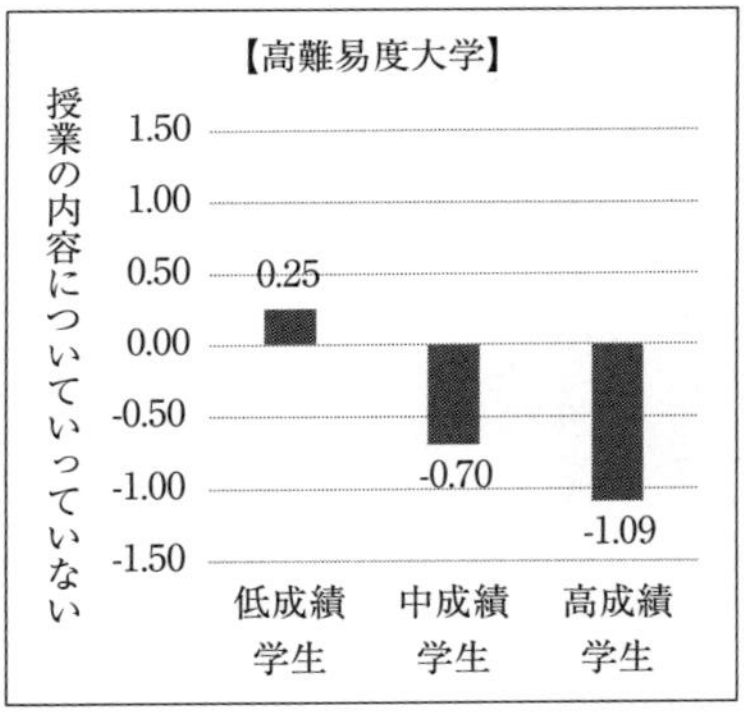

F 値 13.937**

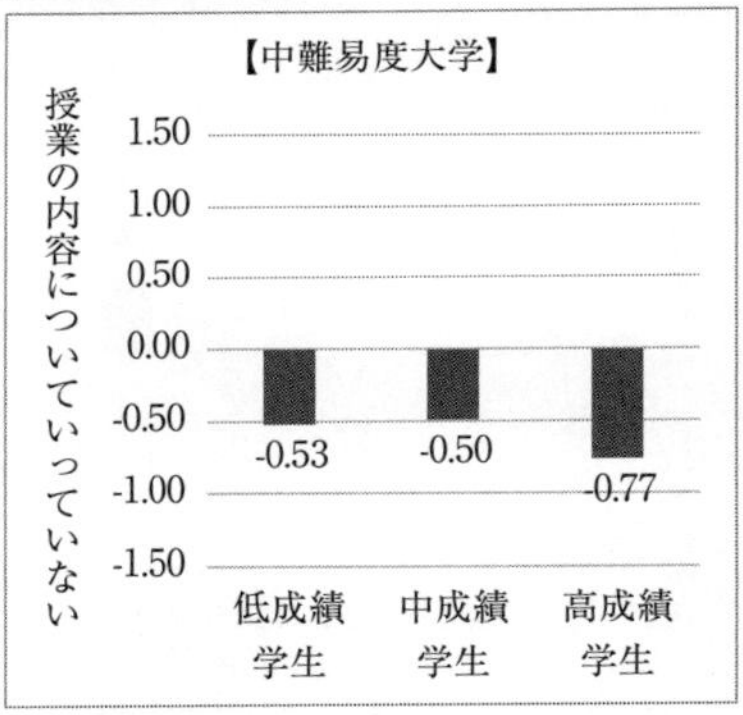

F 値 0.852

図表補①-4　大学ランク別にみた「成績×学ぶことが多くて集中できない」

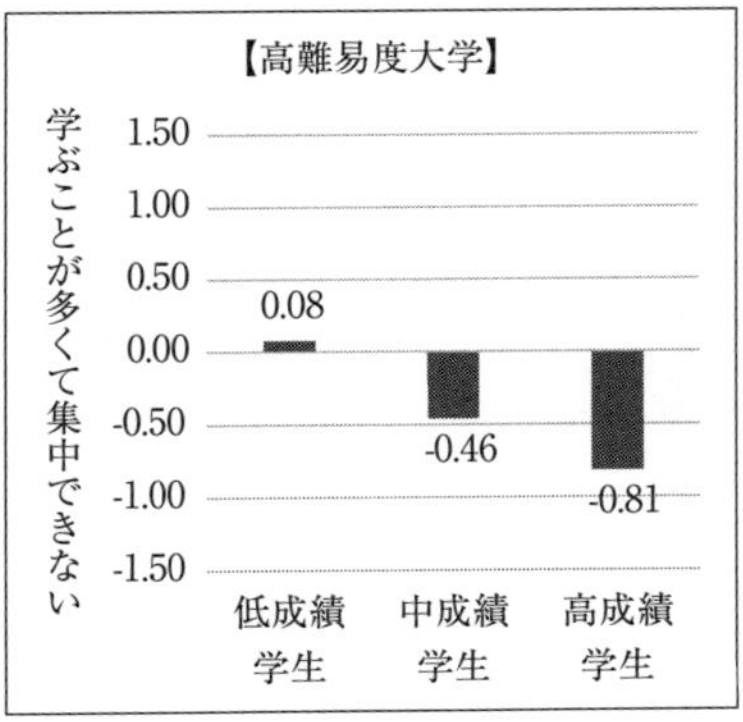

F 値 6.938**

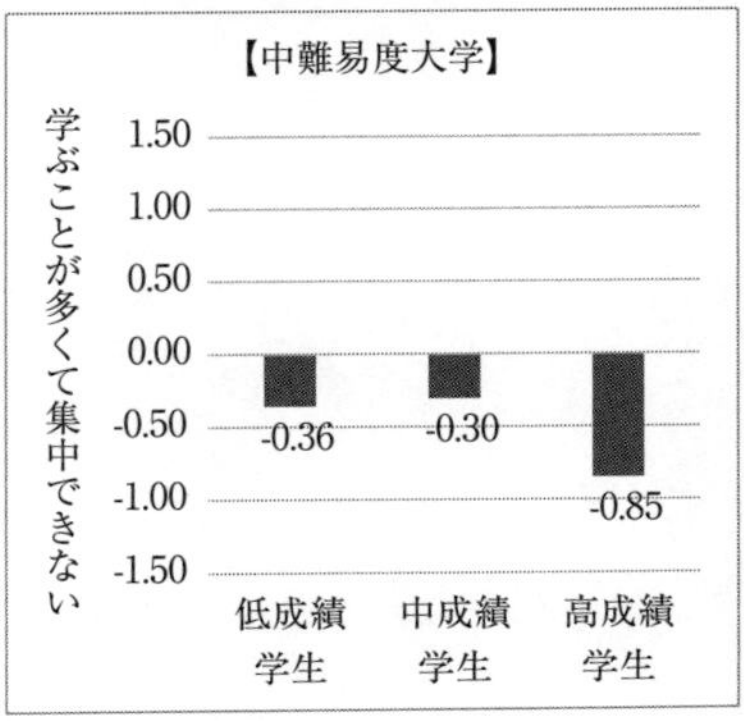

F 値 3.874*

図表補①-5　大学ランク別にみた「成績×「なぜ」等を考える経験を積んだ」

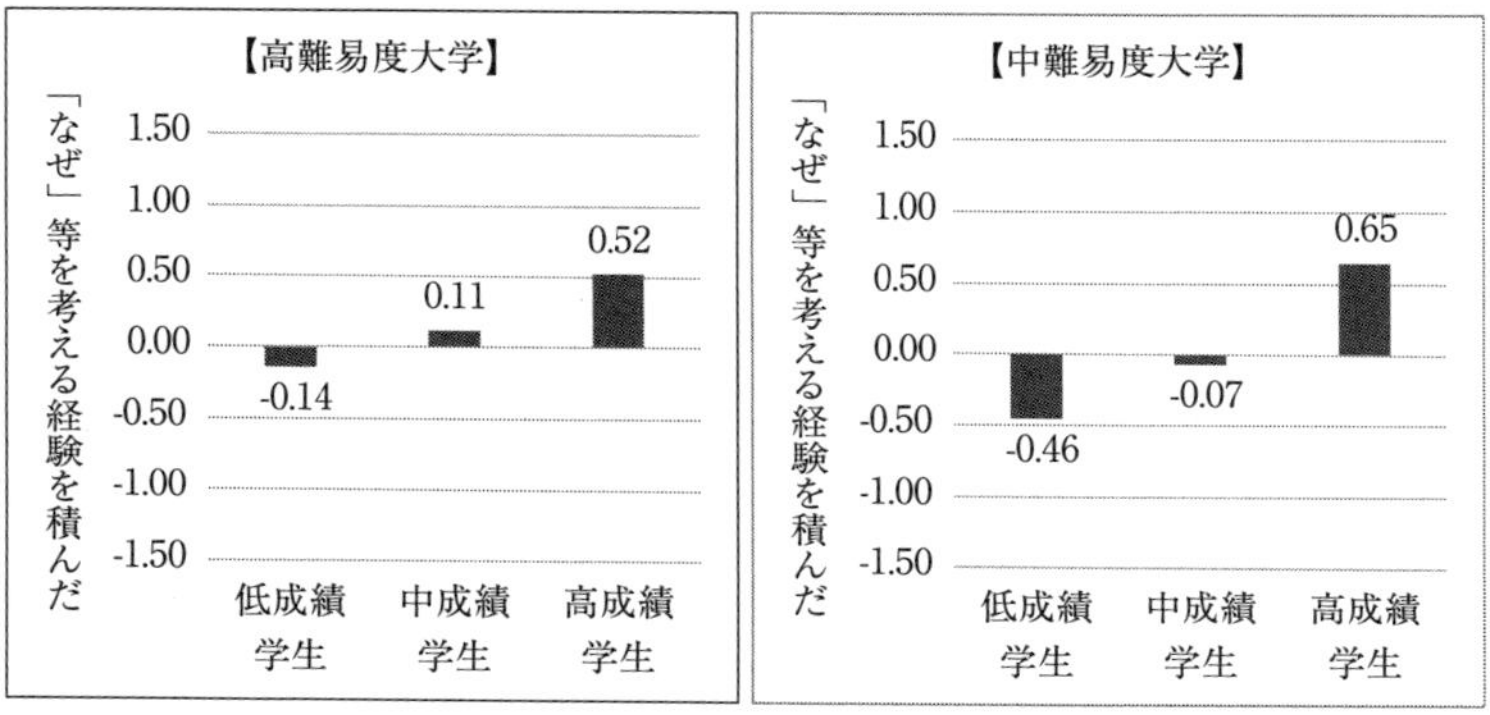

F値 4.288*　　F値 10.496**

図表補①-6　大学ランク別にみた「成績×正解のない問題について複数の根拠から答えを導く」

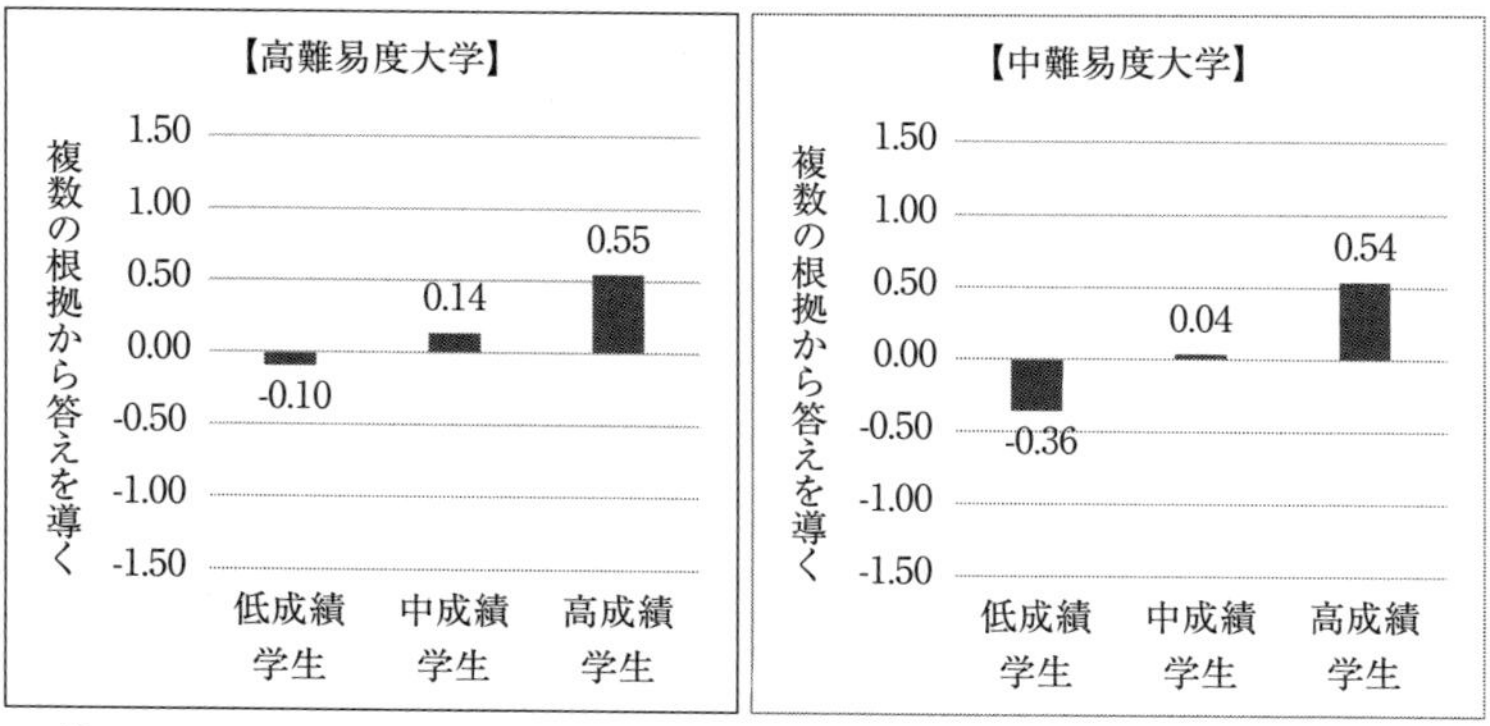

F値 3.877*　　F値 6.411**

図表補①-7　大学ランク別にみた「成績×学問等について直接指導を受ける機会」

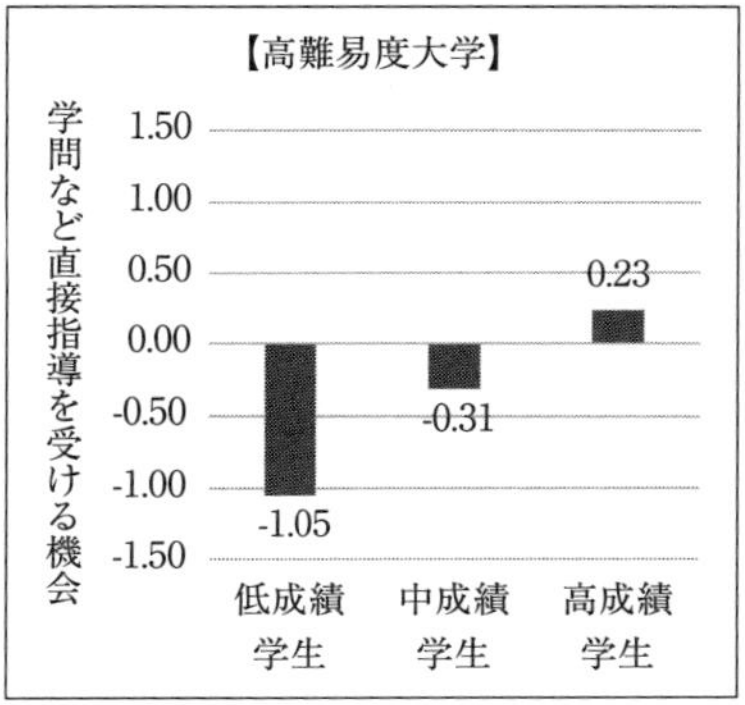

F 値 11.027**

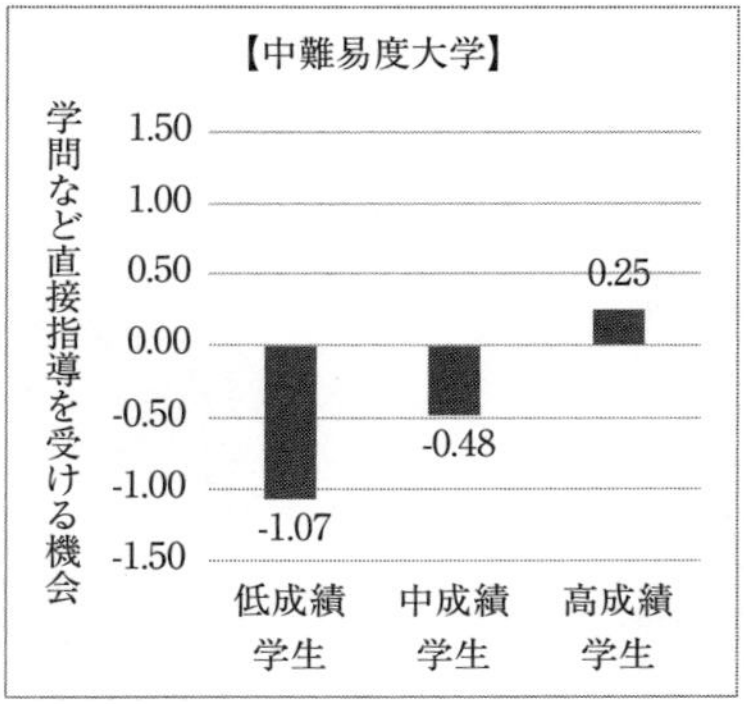

F 値 10.162**

の差異をみると、【高難易度大学】で〇・六六であるのに対し、【中難易度大学】では一・二一となっており、むしろ【中難易度大学】のほうで差異が大きくなっている。また、「正解のない問題について、複数の根拠から自分なりの答えを導く」においても、同様の傾向がみられ、【中難易度大学】こそ〈大学固有の学び〉の前提となる経験において、成績の強い分別力が認められるということを示している。

さらに興味深いのは、「学問や研究について教員から直接指導を受ける機会」に関する質問項目について、【中難易度大学】も【高難易度大学】と同様に、成績が高い学生は、教員から直接的な指導を受ける機会が多かった学生だという結果も得られた点である（図表補①-7）。本補論では、さきに「量的拡大の担い手である入学難易度が中程度以下の大学において、大学教育以前の基礎的な知識習得に課題があり、その知識習得不足が学生の学びを阻害する要因となっていることが考えられる」と述べた。「とりわけユニバーサル化の担い手になった大学ほど、成績がもつ意味が大きいのではないか」とも述べた。試論的な検証ではあるが、【中難易度大学】

における成績の意味が、授業理解度よりもむしろ研究、学問、そして〈大学固有の学び〉の前提となる経験に見出せた点は強調しておきたい。

5．結　語——成績が意味しているもの

以上の分析からは、大学の成績（ＧＰＡ）は学びを捉える指標として活用可能であるということができるだろう。授業参加だけでなく、〈大学固有の学び〉の前提となる経験など、成績をみることで大学生の学びを分化して捉えられる蓋然性は高い。【高難易度大学】、【中難易度大学】をみても、成績は学び経験を反映しており、これは「大学の成績は役に立たない」という俗流の理解に問題を提起する結果として位置づけられるように思う。

私たちが大学生をみるとき、通常何を基準として捉えているのだろうか。そのひとつは潜在的能力を示す指標としてしばしば用いられる大学の難易度、いわゆる偏差値だが、大学での学びの意味を主張する立場にたてば、大学でどのような学びを展開したのかを捉える指標、すなわち成績が重要となるだろう。成績が万能な指標というわけではないが、その分別力の有効性に目を向けるメリットは小さくないはずである。

もちろん、本補論での分析には限界がある。調査会社のモニターを対象とした調査による偏りの可能性は否めないし、なにより難易度の最上位の大学やボーダーフリー大学などのサンプルが少ないという問題が指摘される。全体像を捉えるには、いまいちどサンプルの範囲を広げた調査の実施と検討

が必要である。

ただ、大学生、すなわち〈学生〉が、高校教育段階の〈生徒〉のようになっていることを当然視するような昨今の大学教育の状況に鑑みると（浜島 2005など）、これまで高校教育研究や高校教育で行われてきたように、高等教育研究や就職の場面において、もっと成績の意味を追究してもよいのではないか。本補論ではこうした成績の意義を提示しておきたい。

注

1 なお、大学生の就職に関する研究においては、鶴田（2018）がレビューを行っているように、成績が内定獲得にプラスの影響をもつとする研究がある一方、有意な差異がみられないとする研究もあるというように、一概に結論が出ているわけではない状況にある。

2 三宅（2011）は、選抜性の異なる三つの大学群の学生を対象として実施したアンケート調査に基づき、【中難易度大学】が多く含まれるであろう「弱選抜型大学」の学生は授業に対する理解力のなさを出席も含めて評価してもらおうと考えているという趣旨の指摘をしている（なお、「非選抜型大学」の学生は出席そのもので評価されるべきだと考えているようである）。【中難易度大学】において「弱選抜型大学」の学生が期待するような成績評価が実際になされているのだとすれば、授業に対する理解力のなさが出席も含めて評価されることになるわけだから、成績と授業理解度に有意な関係がみられないのも理解できる。

文献

大多和直樹（2014）『高校生文化の社会学――生徒と学校の関係はどう変容したか』有信堂高文社。

お茶の水女子大学・コンピテンシー育成開発研究所（2023）『コンピテンシー育成開発研究所 令和四年度 年次報告書』。

苅谷剛彦（1991）『学校・職業・選抜の社会学――高卒就職の日本的メカニズム』東京大学出版会。

就活の未来（2024）「【成績は就活に影響するのか】企業が証明書を求める理由と提出時の注意点」（https://shukatsu-mirai.com/archives/80335）（最終閲覧日二〇二四年四月二九日）。

千葉勝吾・大多和直樹（2007）「選択支援機関としての進路多様校における配分メカニズム」『教育社会学研究』第八一巻、六七-八七頁。

中央教育審議会（2008）「学士課程教育の構築に向けて（答申）」。

鶴田美保子（2018）「大学生の就職活動を成功させる要因――展望論文」『金城学院大学論集人文科学編』第一五巻第一号、一〇九-一一九頁。

浜島幸司（2005）「大学生は「生徒」である。それが、なにか？――一九九七年・二〇〇三年調査データより」『上智大学 社会学論集』第二九巻、一九一-二〇八頁。

耳塚寛明（1980）「生徒文化の分化に関する研究」『教育社会学研究』第三五集、一一一-一二二頁。

三宅義和（2011）「大学生の学びへの姿勢と大学の選抜性」『神戸国際大学経済文化研究所年報』第二〇号、一一-一三頁。

補論② 米国大学の学生は本当によく学んでいるのか
――カリフォルニア大学バークレー校訪問調査より

武藤浩子

1. はじめに――日本が参照してきた米国大学での学び

本書は、日本の学生の学びについて、四つの機関タイプに分けて示してきた。この補論では、さらに検討するために、米国カリフォルニア大学バークレー校での調査を比較事例として取り上げる。広く知られているように米国の教育制度は州によって異なる。大学の教育システムについても州や大学などにより差異があるため、米国大学を参照するにあたっては、一部大学のケースに留まることを意識する必要がある。そのような前提を置いたうえで、本補論では、米国カリフォルニア大学での学生の学びの様相とともに、それに影響を与えると考えられるファカルティ・ディベロップメント（FD）、ティーチング・アシスタント（TA）、単位制度なども含めて検討することとしたい。

序章でも述べたように、これまで米国大学の歴史や教育制度に関する研究は継続的に行われており（潮木 1982、江原 1994、ロバーツ・竹内 2017 など）、米国の教育制度が日本の大学教育に与えた影響は決して小さくない。時をさかのぼれば、第二次大戦後の米国の影響は、般教（パンキョウ）と呼ばれた一般教養科目の導入にもみることができる（大学基準協会［1951］1987）。また、一九九〇年代には、米国を参照しながら、「ファカルティ・ディベロップメント」や「ティーチング・アシスタント」、「シラバス」などの導入が提案され、そのカタカナ語をそのまま用いながら大学の授業改善が語られた（大学審議会 1991、1997）。これまで米国におけるＦＤやＴＡの事例や有用性が示されてきたが（苅谷［1992］2012、ガレスピー・ロバートソン 2010=2014）、現在、米国においてそれらがどのような課題を抱えているのか、日本でその実情が紹介されることはそれほど多くはない。

近年重視されている学修時間という量的指標にも、米国の影響をみることができる。一九四七年の「大学基準」で規定された日本の単位制度は、米国ＣＩＥ（民間情報教育局）の教育関係者の提案とほぼ同じであったという（清水 1998）。第二次大戦終結後、間もない頃に定められた一単位に必要な学修時間は、授業時間と授業外学修時間をあわせて四五時間であり、それは現在まで基本的に変わらない。[1] この規定は、現実との乖離から「フィクション」と称されることもあるが、一九九〇年代以降の大学教育改革のなかで改めて着目されるようになった（金子 2022）。[2] 日本の学生の学修時間の少なさは、米国との比較によって指摘され続けており、[3] 米国で多くのリーディング課題などを課して授業外学修をさせること、またその授業外学修時間の長さは、日本では「理想」のように語られてきたともいえよう。

ここで留意したいのは、米国の単位制度においては自学自習の規定すらないのが現状であり、[4] この認識が日本においては希薄である、という清水一彦による指摘である（清水 2014）。たとえば、米国の大学では授業外学修時間が重要な位置づけにあるようにも受け取れる情報を目にすることがあるが

（清水 1988、小方 2022など）、[5] 我々はそうした情報をもって米国の大学全体の状況として「錯覚」してしまっていたのではないか。すなわち、米国の大学において、単位制度に基づく学修時間がどのように取り扱われており、教員らがそれをどのように認識しているのかという点は、これまで明らかにされてこなかったブラックボックスといってもよいだろう。

近年の激しい社会変化のなか、米国大学の学生の学びにはどのような様相が見られるのか。ＦＤやＴＡ、単位制度にも着目しながら、カリフォルニア大学バークレー校訪問調査で得られた教員や学生へのインタビューを分析していこう。

2．インタビューの概要

カリフォルニア大学は、ロスアンゼルス校（UCLA）など一〇のキャンパスをもつ州立大学であり、そのなかで最も古い歴史を持つ旗艦校がカリフォルニア大学バークレー校である。米国の大学ランキングをみると、マサチューセッツ工科大学、ハーバード大学、スタンフォード大学につぐ、第四位にカリフォルニア大学バークレー校は位置しており、[6] 同大は、米国における名門大学のひとつといえる。

カリフォルニア大学バークレー校の概要を確認しておくと、学生数は約四五、七〇〇人であり、バークレー校だけで日本のエリート私大である早稲田大学に近い数の学生を抱えている。[7] 学部生は、アジア系四〇％、ホワイト二〇％、ラテン系二一％と、アジア系学生が多い特徴がある。米国の名門大学には私立大学も多く（ハーバード大学、スタンフォード大学など）、学生数からみて規模の小さい大学も少なくないが、[8] カリフォルニア大学バークレー校は、名門の研究大学であるとともに、州立大学であり、大学規模も大きいという特徴がある。なお、カリフォルニア大学に進学するには、高校からカリフォルニア大学に直接進学するルートと、カリフォルニア州のコミュニティカレッジ（二年制大学）から編入するルートがある。バークレー校では、大学三年生の三〇％近くが編入生であり決して少なくない。高校からバークレー校への入学には高いハードルが設定されている一方、コミュニティカレッジからの編入制度を使えば、学力があまり高くない学生でも名門大学である同大に進学できる点が、後述する学生の多様化の背景にあることには留意されたい。また、サンフランシスコや、いわゆるシリコンバレーにも近く、家賃などの生活費が非常に高い地域にあることも付け加えておく。

カリフォルニア大学は、日本の高等教育研究においてもしばしば取り上げられてきたものの、マスタープランなど[9]教育制度に関する言及が多く（喜多村 2000、福留編 2019）、同校における学生の学びの実態までには結びつけられてこなかったといえるだろう。

インタビュー対象者は、学生三名、教員三名、大学教育研究センターの教員二名である。学生Aは経営学と分子細胞生物学の二つの専攻を希望する一年生、学生Bは環境科学専攻の一年生、また学生Cはデータサイエンス専攻の四年生であった。学生は三名ともカリフォルニア州の高校からの進学者であり、大学進学のために厳しい選抜を経ている。学生については熱心に学んでいると考えられる理系科目での学びの様相を主に示すことになる。教員は三名（教員D、教員E、教員F）とも社会学部の教員であり、同センターの教員二名（教員G、教員H）は、高等教育、学生調査などを専門としている。インタビュー対象者が多いとはいえないが、これらの教員、学生の語りからカリフォルニア大学バークレー校における学生の学びをみていこう。

3．授業内での学び——授業に参加しない学生たち

3．1　大規模授業、そしてディスカッションしないディスカッション授業

第3章では、日本のエリート大学の学生たちが、大規模クラスにどう臨んでいるかについて言及したが、米国のエリート大学であるカリフォルニア大学バークレー校でも大規模クラスはあるのだろうか。

教員E：私は社会学の科目を教えています。例えば、今学期は、三〇〇人の学生に社会学入門を教えています。

このような大規模クラスは、学生の授業参加にも影響を与えている。

学生A：高校生のときは、少人数クラスだったので、わからないときは手を挙げて質問できたのでよかったのですが、大学はクラス規模がとても大きいので、どうすることもできないのです。

学生Ｃ：私は高校時代の方が、授業への参加度合いがより高かったと思います。特に数学の授業では、私は手を挙げることが多かったので、今よりもたくさん質問していたと思います。（中略）間違いなく、私は大学よりも、高校時代の方が参加していました。

高校時代は、少人数クラスであり、授業への参加度合いも高かったが、大学の講義ではクラス規模が大きいために、授業への参加度合いが低くなるという。

しかし、米国では、講義形式の授業（lecture class）だけでなく、それに少人数でのディスカッション形式の授業（session class）が組み合わされて行われることが少なくない。たとえば、まず三〇〇人の講義形式の授業を受け、その後二〇人程度のグループでディスカッション形式の授業を受ける。このディスカッション形式の授業では、大学院生であるＴＡ[10]が、グループ指導や学生の成績評価などを担当するのが一般的である。このディスカッション形式の授業では、学生たちは授業に参加しているのではないだろうか。

聞き手：講義のあとに、ディスカッション形式の授業はありますか。

学生Ｂ：ありますが、誰も話そうとはしません。二〇人くらいですが、ＴＡを担当することが必要な大学院生がやっているものなので、大学院生がずっとしゃべっているだけです。

ディスカッション形式の授業であったとしても、必ずしも積極的なディスカッションが行われているわけではないという。「TAを担当することが必要な大学院生がやっている」というのは、大学院生にはTAとして働くことが課せられていることを意味する。TAについては、のちほど改めて検討することにして、授業参加についてさらにみてみよう。

3.2 授業を聞かない学生

学生から見ても、教員から見ても、学生らの授業参加ははかばかしいものではない。

学生C：私は講義を受けるのが好きで、講義でたくさんのことを学んでいます。しかし、その逆もまた然りで、私が講義でみた限りでは、話を聞いていないか、聞き流しているような学生も多いです。

次は教員の語りである。

教員D：私は副学長として、他の教授が教えている様子をたくさんみてきました。（中略）教室の後ろに座ってみていると、携帯電話やパソコンで他のことをしている学生の割合がとても高いことにショックを受けました。ある学生は、携帯電話を机に置いてタップしていて、バスケットボールか何かの試合をみていて、同時にメールをしていたんです。つまり、講義を聞いてノートをとることとは別に、三つのことをやっていたのです。

教員Dは次のように続けた。

教員D：私たちのほとんどは、マルチタスクを行うことを身につけてきたのはわかっています。（中略）しかし、講義を聞きながら、他に三つのことを同時にやろうとしていたら、何も学べません。

これに同意する日本の教員も多いのではないだろうか。教員もこのような状況に、ただ手をこまねいているだけではない。

教員D：今学期は、ある日、四人の学生が同時にそれをやっていました。私は、両手を挙げて、「もうお手上げ」といってしまいそうでした。しかし、私は、一人一人を呼び出す代わりに、クラス全体に問題を伝えることにしました。それで、次の授業の始めに、私は「もう一度、電子機器に関する私の方針を改めて説明します」と言いました。「電話は、子どもがいる、あるいは誰かの面倒を見ている場合を除き、電源を切ってください。パソコンは、他の人の気が散るので、授業以外のことに関しては使えません。この方針に従ってください」と伝えました。

学生を授業に集中させるために、基本的なことがらについても、繰り返し説明せざるを得ない状況があるようである。

3．3　進度が早く、難しい授業

インタビュー対象となった学生は、高い選抜の壁を越えて大学に進学した極めて優秀な学生だと考えられる。しかしながら、このような学生にとっても、大学の授業についていくのは、困難だという。

学生Ｂ：大学に入ってから、大学の授業は高校よりずっと早く進むことに気づきました。私は高校では化学のＡＰ（筆者注：大学レベルの授業）を選択しました。大学に向けた準備ができる授業ですが、今学期、化学の授業を履修したら、最初の授業で、高校で習ったことの一か月分くらいが終わってしまいました。

学生Ａ：バークレー校の授業は、理解するのが難しいと思います。なぜなら、授業は一時間ですが、講師や先生たちは、その一時間に大量の情報を詰め込み、非常に早口で話すので、ノートをとりながら聞いていると、ついていけません。私にとっては、スピードが速すぎて、学んだり、資料を消化したりできません。

米国名門大学に進学するほど優秀な学生でさえ、ついていけないというほど、学生の理解度に合わない、学生を取り残していく授業が行われているようである。これをみると米国の大学でFDは、はたして機能しているのかという疑問が生じる。このFDについても、のちほど検討することにして、次に授業外の学生の学びについてみていくことにしよう。

4．授業外学修の様相——本を読まない学生たち

4.1　本を読まない学生の増加

教員からは、本を読まない学生が増えたという声が聞かれたが、その語りをみてみよう。

教員D：今の学生は、ほとんど本を読みません。学期ごとに読書量が減っているような気がしますが、本を読むことは必須です。私の授業では、当然のことながら、「読まないでどうやって学ぶんだ」と思います。

教員Dは、「国中の教員が、学生が本を読まなくなったと感じています」とも語ったが、具体的にはどのような状況があるのだろうか。

教員D：世代的変化が進んでいることも確かだと思います。自分の息子や甥たちをみていると、

自由な時間に本を読むことはありません。スマホでいろいろみたり、パソコンで映画をみたり、（中略）本を手に取って読もうなんて、思いつきもしないようです。

スマホやパソコンが日常生活に入り込むことで、本を読む機会が減少しているという。また、この教員Dは、学生が本を読まなくなっただけでなく、課題である文献を読んでいないことが教員に知られても「恥ずかしさ」を感じていないと語った。

教員D：ある学生が、おそらくまったく正直な感想としていったのだと思いますが、「読んではいませんが、とても面白い内容のようですね」といったのです。そして、授業に遅れてやってきた別の学生は、私が「読んだ文献について、何かコメントや質問はある？」とたずねると、私をみて、「いいえ」と答えました。（中略）この二人の学生にどう答えたらいいのか、私は言葉を失ってしまいました。

授業では文献に関するディスカッションを行うにもかかわらず、その文献を読まずに、悪びれることなく授業に参加しているというのである。では、具体的にどれくらいのリーディング課題を課しているのか。次は教員Eの語りである。

教員E：カール・マルクスの『ドイツ・イデオロギー』を読ませる場合は、そうですね、一〇ページから始めて、次も、その次も同じ一〇ページで済ませるかもしれません。しかし、社会学入門のように、もっと簡単なものを読ませるのであれば、最大で四〇ページ程度にすると思います。つまり、二〇ページ分の講義ですね。これは大量ですから、少なくしなければならないことが多いです。学生に多くを求めることはできません。

この教員Eは次のように続けた。

教員E：不可能なほどのリーディングを課す教授もいます。五〇ページだとか、一〇〇ページだとか、無理な量ですね。そうすると、学生はどうするかというと、一切読んできません。無理だからです。

教員は、学生の状況に合わせて、課題量を減らしている様子がうかがえる。このようなリーディング課題の減少は、授業外学修時間の減少にもつながることだろう。では、このように学びについてさまざまに配慮される学生の背景にはどのような要因があるのだろうか。

4.2　背景1：学生の多様化

まず、ひとつには学生の多様化が考えられる。前述したように、カリフォルニア州では、コミュニティカレッジからカリフォルニア大学に編入できるルートがある。そのような編入生は、「比較的貧しく，恵まれない地域の出身であり，移民であったり，非正規移民であったり，人種的にマイノリティの出身であることもよくある」（教員E）という。

教員E：バークレー校には両親とも学者という家庭の学生もいます。こういった学生は既に多くのことを知っていて，文献を読むのも速いです。その一方で，コミュニティカレッジからここに編入してきた学生は，同じグループ，同じクラス，同じTAセクションに所属していても，あらゆることがより困難に感じられるかもしれません。

学生のなかには，基礎的な学習方略や知識を持たずに，進学してくる者もいるという。

教員D：彼らはノートの取り方を知りません。分かったのは，学生は必ずしもノートを取る準備ができていないので，私はもっと工夫しないといけないということです。ノートの取り方の教え方なんて知りません。正直，それを教えるのが自分の責任なのかも，わからないのですが。

教員F：第一次世界大戦といっても聞いたこともない。産業革命，フランス革命，全然聞いたことがない。それでもバークレーの学生なんですね。やっぱり編入生はそうですよ。だって，やっぱりコミュニティカレッジっていうのは誰でも入れるわけですよ。

多様化する学生を目の前にして、教員も、何をどのように教えればいいのか、困惑している様子が語られた。カリフォルニア大学バークレー校は、米国の名門大学であるが、その学生のなかには、大学で学ぶ準備が十分できていない者もいるようである。

4．3　背景2：高騰する生活費、貧困の影響

カリフォルニア州における物価の上昇は、学生の私生活だけでなく、学びにも大きな影響を与えているという。

教員E：ここの家賃はあり得ないほど高いです。学生は一部屋に四、五人で住んでいます。家がない学生もいますし、大学周辺に住めないから、遠くから通学している人もいます。家賃のために、何時間も働かなければならないのです。

教員D：私たちのキャンパスがある場所は、生活費がとても高いのです。ですから、ここではほかの場所よりも多く働かなければならないかもしれません。また、ホームレスの学生という現象まであります。

学生調査からも、このような貧困問題が明らかにされているという。

教員H：学生たちは空腹で、食事が必要だったり、住まいがなかったりという問題を抱えているということです。バークレー校の学生の多くが、いずれかの時点において、飢餓とホームレスの両方を経験していることがわかりました。

この教員Hは、バークレー校ではお腹をすかせた学生も食事を取れるようにフードパントリーを設置しているとも語った。このような状況は、学習にも影響を与えるのだろうか。

教員E：学生の生活が不安定になってきています。授業料が上がり、家賃が上がり、労働の時間を増やさざるを得ません。学生は早く大学を卒業しようとして、一度にたくさんの授業をとるのですが、時間は減っているわけですから……教育の質が劣化しているように思います。

教員D：ホームレスだったり、複数の仕事を掛け持ちしていたりすると、リーディングの時間が少なくなってしまいます。

学生らは、高い生活費を支払うために、長時間の労働を強いられている。また、家賃の高騰により、大学近くに住むことができず、数時間かけて大学に通っている学生もいるという。カリフォルニア大学を取り巻く近年の社会状況は、学生が、労働や通学に費やす時間を増加させ、授業外学修時間を減じさせているようである。

4．4 背景3：将来のキャリア重視

学生たちは、学生生活を、学び、研究する期間というよりも、将来のキャリアのための準備期間と位置づけていた。

学生A：大学の目的は、高収入の仕事や好きな職業に就くための準備。ですから、勉強するのも、課外活動をするのも、キャリアのための準備です。

学生B：高校時代は、いい大学に行かないといけないというプレッシャーを感じていました。そして、大学に入学した今は、ただ良い仕事に就くためだけにいる感じです。

教員も、このような学生からの要望に応えるために、将来のキャリアや就職活動に役立つスキルをつけさせる必要を感じている。

教員D：学生からは「社会学部を卒業するときに、方法論のスキルやライティングのスキルを身につけていたい」という声が上がっています。そうすれば、就職が有利になるからです。おそらくSTEM分野の方が、教育に関する産業界からのプレッシャーを直接的に感じていると思いますが、本学部（筆者注：社会学部）も学生からそういった声を聞き、この「方法論集中講

座」のようなもので応えてきました。

日本では、就職にあたって大学の成績（ＧＰＡ）はそれほど重視されないといわれるが、米国ではどのように認識されているのだろうか。

聞き手：高収入の仕事を得るためには、何が大切なのでしょうか。

学生Ｂ：アメリカの企業は、採用の際、経験をとても重視すると思います。企業が採用活動をする際、ＧＰＡはそれほどみていないと聞いたことがあります。

聞き手：ＧＰＡよりも課外活動の方が重要なのですね。

学生Ｂ：そう思います。課外活動はその人のことをよく表すので。たとえば、Ａ社（筆者注：有名ＩＴ企業）でのインターンシップのような重要な経験ができれば、ＧＰＡがそれほど高くなくても、そのレベルで何かをする能力があるということが示されますし。

学生Ａ：長期的に考えると、多少成績が落ちても、課外活動をやっておいたほうが有益だと思います。インターンシップにしろ、クラブにしろ、学生は課外活動に力を入れるべきだと思います。

学生は、よい成績を取ることよりも、授業外に課外活動を行うことのほうが、就職には有利だと考えている。その理由を語るときに参照されるのは、ひとつは自分たちの大学進学時の経験であり、もうひとつは、ＳＮＳの情報であった。

学生Ｂ：高校から大学に入るときも、そんな感じでした。私のある友人は、高校でのＧＰＡはそれほど良くなかったのですが、アジア系アメリカ人のアイデンティティに関する雑誌を出版して、それがとても話題になり、全国的に報道されました。今、彼女はスタンフォードにいます。ですから、課外活動というのは、とても役に立つと思います。

学生Ｂ：私はＲ（筆者注：ＳＮＳ名）のバークレーの部分をよく見るのですが、多くの卒業生が私のＧＰＡはこんな感じだったと投稿しているのですが、三・二とか三・三とか、あまり高くありません。それでも、インターンシップや推薦状のおかげで素晴らしい仕事に就くことができたといっていました。そういった外部での活動が、大きく役に立ったそうです。

ただし、学生も教員も、大学院進学には高いＧＰＡが必要だと考えている。

教員Ｅ：学生たちは成績にこだわっています。なぜ、成績にこだわるのかというと、成績が良ければ、法科大学院や医学部、ビジネススクールに応募して入学することができるからです。すべては成績次第です。

教員Ｆ：やはりアメリカの場合、意外と学位がものをいうので。教員になる場合でも修士を取ったほうが有利だし、校長になりたければ博士号持ってなきゃいけないとか。そういうことで、やっぱり将来、大学院は行くんじゃないかって思う人が多いんですよね。

学歴社会である米国では、大学院卒の学歴が仕事で有利に働くことが少なくないという。医学部や大学院への進学を希望する学生たちは、良い成績を得るために努力している。しかし、大学院に進まないという選択肢を取るのであれば、良い成績（ＧＰＡ）を取るために学ぶという必要性を感じていないようである。

5．米国の大学教育の実情――ＦＤ、ＴＡ、そして単位制度

5．1　教員の教授スキルとＦＤ

米国大学の教員の教授スキルは高いのだろうか。まず、学生らがどのように評価しているのかみてみよう。

学生Ａ：私が気づいたのは、教授自身はとても優れていても、常に最善の形で教えてくれるとは

限らないということです。（中略）素晴らしい先生だけれども、講義では早口で、うまく説明できない先生もいるかもしれません。

では、教員は、自分の教授スキルについてどのように述べるのだろうか。

教員Ｅ：社会学入門を教えるのは、今回が初めてでした。（中略）自分では大失敗だと思いました。初めての授業を教えるときは、大失敗に終わるものだということはわかっていました。（中略）高校から入ってきたばかりの彼らの波長に合わせて、本当にこの講義を教えることができるのか、自信がありません。

学生も、また教師自身も、教授スキルに問題を感じているようである。では、教授スキルを向上させるＦＤは、どのように運用されているのだろうか。

聞き手：アメリカの大学教員はすごく教育熱心で、それに引き換え日本の教員は学生の教育をきちんとやらない。だからＦＤをやらないといけないって、今、日本ではＦＤの義務化までされてきてるんですね。そういうようなことってあるんですか。

教員Ｆ：いや、全然ないですね。皆無に近いんじゃないですか。バークレーみたいなところは研究型大学なので、結構教育を真面目にするような先生っていうのは周りからは落ちこぼれだと思われるわけですよね。

聞き手：でも、アメリカの大学はティーチング・ラーニング・センター（筆者注：教師教育センター）のようなものを持ってますよね。そこに行く教員っていうのはどういうタイプの人なんですか。

教員Ｆ：いないんじゃないですか。「テニュア（筆者注：終身雇用資格）をもらうには、学生からの評価が低いので、評価を上げるにはどうすればいいのか」とか、そういう話になるんですよね。普通テニュアのハードルは六年目なんですよね。三年目に中間審査みたいなのがあって、さすがに学生の評価があまりにも低いと、ティーチング・センターに行って何か習得しろとかいわれるらしいですね。

教員Ｆは、バークレー校は研究大学であるという前提を置いたうえで、ＦＤに参加しているのは、テニュアを得る前の一部の教員に限られると述べた。自分を含めて、多くの教員はＦＤには参加していないという認識である。[11]

教員Ｇは、ティーチング・ラーニング・センターでは、カリキュラム改善や授業でのＩＴ活用について教員をサポートしていると述べたのちに、次のように語った。

教員Ｇ：しかし、これは自発的なものです。つまり教員が必ずこれを利用しなければならないわけではありません。基本的な考え方として、教員が心からやりたいと思っていないことをやらせることはできません。

FDに関わる組織や仕組みはあるものの、それを利用するかどうかについては、教員の自発性に任されている。これが米国大学のひとつの現実のようである。

5.2　TAの教授スキルの問題

米国では、TAがディスカッション形式の授業などを担当し、課題の採点までも担うことが多い。バークレー校でも、多くの大学院生がTAとして働いている。

教員E：大学院生は全員、TAをやらなければなりません。大規模クラスの授業を行う教員をサポートするということです。三〇〇人の学生が受講する私の講義では、TAが七人います。各TAが四〇人の学生を担当し、それをさらに二〇人ずつのグループにわけ、週に二回、一時間、各グループと面談します。

教員D：TAらは、週に一～二回、授業で学生と教材（筆者注：本や論文など）について話し合います。それによって、TAは追加の単位がもらえます。[12]

TAが担当するディスカッション形式のクラスについて、「大学院生がずっとしゃべっているだけ」

（学生Ｂ）という語りをすでに紹介したが、次の学生ＣもＴＡの教授スキルは決して満足できるものではないと述べた。

学生Ｃ：ＴＡの中には教えるのが苦手な人もいることが問題だと思います。ＴＡは、とても知識をもっています。でも、教え方を知りません。私の授業のＴＡは、自分のいっていることを正確に理解していました。とても頭が良い人です。話し方でわかります。でも、それを私たちが理解できるような言い方で説明してくれませんでした。（中略）担当のＴＡからは学べないので、ほかのＴＡなどに相談しに行かないといけないという話は、数えきれないくらい聞いたことがあります。

学生たちは、教員の教授スキルも、ＴＡの教授スキルも、それほど高いものではないと感じているようである。教員へのＦＤやＴＡを対象とした教育は、やはりあまり機能していないように思われる。

5．3　米国教員からみた日本の単位制度

最後に、単位制度についてみてみよう。前述したように、日本の単位制度においては、授業時間だけでなく、授業外学修時間が定められている。このように学修時間を規定する単位制度は、米国から来たといわれるが、それについて米国の教授たちはどのように語るのだろうか。授業外学修時間の認識の違いからか、米国教授と聞き手との間で、いくぶんかみ合わないやり取りがなされた。

聞き手：授業が三〇時間だとしたら、学生は予習を三〇時間、復習を三〇時間すると。二単位を取得するには、計九〇時間の学習が必要です。これは日本の大学における決まりです。

教員D：しかし、学生たちが予習や復習をどのくらいしているか、どうやったらわかるのでしょうか。

聞き手：この単位制度は米国から来たものと言われており、日本ではこの単位制度に従う必要があります。

教員D：私の学部のゼミは三単位です。これは教室での授業時間数に基づいています。予習や復習の時間に基づいたものではありません。予習や復習が基準ではありません。学生がどんなことをしているか、どうやったらわかるのでしょうか。

聞き手：日本政府は「学生の学修時間をもっと増やすように」といっています。そして、学修時間を確認しようとしています。

教員D：それでは、どうやってそれを確認するのでしょうか。（中略）他の場所ではどうやって単位を計算しているのかは知りませんが、ここでは完全に授業時間に基づいて計算されています。

次の教員Eも、日本の単位制度に関する説明を聞いたのちに、次のように述べた。

教員Ｅ：そういったものはありません。まったくありません。というか、これは私たちにはできません。（中略）いずれにせよ、体系化された決まりはありませんし、あなたのおっしゃるようなやり方は、一切行われていません。

聞き手：この単位制度は、主に米国から入ってきたものであると、日本ではいわれています。

教員Ｅ：もしかしたら、米国でそれをやっているところもあるかもしれませんが、大きな大学でやっているところは知りませんし、聞いたこともありません。確認したいのですが、学生は一定の単位を取得するために、一定時間、勉強することが求められるということですよね。

日本のような授業時間、授業外学修時間を含めた単位制度は、カリフォルニア大学では行われておらず、他大学でも一般的ではないようである。前述したように清水（2014）は、米国の単位制度においては、自学自習の規定がないのが現状であると述べたが、カリフォルニア大学でも授業外学修時間の規定はない。後日、教員Ｄのシラバスを確認させてもらったところ、やはり授業外学修時間に関する記載はなかった。

教員Ｅは、学生の多様性を考慮すると、学修時間を一律に測ることはなじまないと次のように述べた。

教員Ｅ：時間は学生によって異なります。ここの学生、特に社会学部の学生は、非常に多様です。（中略）何にせよ、学習にかかる時間は、学生によって大幅に異なります。

それぞれの学生にあった学びについて、学修時間というひとつの量的指標で測ることが適切なのだろうかという疑問も浮かんでくる。

6. 考　察

米国大学での学生の学びについて、カリフォルニア大学バークレー校の教員や学生へのインタビューからその一端をみてきた。バークレー校は、米国の名門州立大学であり、このような大学のケースに留まるかもしれないという留保がつくことを前提としながら、日本の学生生活との異同について考えてみたい。

学生たちは、高校では少人数クラス、双方向型授業を経験していたが、大学では、大規模クラス、ディスカッションしないディスカッションクラスに失望している学生もいた。このような大学経験については、日本のエリート大学の学生たちと類似した状況にあるといえそうである。

授業外学修については、本を読まない学生の増加が語られた。その背景には、インターネットの生活への浸透だけでなく、学生の多様化、高い生活費・貧困の影響、将来のキャリア重視という要因があることが示唆された。日本の学生たちは金銭的な困窮についてはほとんど語らなかったが、バークレー校がある地域における生活費の上昇は、学生生活に重くのしかかり、学生たちが学びに十分な時間を割くことができないという厳しい状況を生み出している。教員は、このような学生の状況を十分認識しており、課題とするリーディングの量を減らさざるを得ないと考えている様子もうかがえた。また、バークレー校の学生たちは、将来、よいキャリアを得ること、高収入の仕事につくことを熱望していた。日本の学生、米国の学生ともに、大学での学びよりも、自分の将来につながるキャリアをより重視しているように思われる。

さらに米国の教員やTAの教授スキルが高いとは一概にはいえないことが示唆された。大学にはFDに関わる組織はあるものの、その利用者はテニュアを得る前の教員が中心であり、FDが教員やTAの教授スキル向上に対して機能している様子は、このインタビューからはうかがえなかった。

授業外学修時間の規定を含む単位制度について、日本では一九四七年以降、長く実施されているが、カリフォルニア大学では授業外学修時間は規定されていない。同大学に限らず授業外学修時間の規定は一般的とはいえないようである。清水（2014）が述べたように、米国の単位制度においては自学自習の規定はないという現状の一部が示されたといえるだろう。また、教員D、教員Eが述べたように、授業外学修時間を正しく測ることはできず、学生によって学びに必要な時間が異なることを考えると、授業外学修時間を含めて単位取得の要件とし続けることが適切なのだろうかと考えさせられる。

では、本書の分析で示された〈大学固有の学び〉についてはどうだろうか。ここで教員の語りを取り上げよう。

教員E：米国にも、社会学専攻がありますが、四分の三の授業はその専攻に費やし、残りは、今日は化学、明日は文学、明後日は体育と、好きなことをやるという、ごちゃ混ぜの状態です。

大惨事です。そのため、大学院教育では、ゼロから始めなければなりません。なぜなら、学部教育には何も期待できないからです。

大学院ではゼロから専門教育を始めなければならない、と教員Eは述べた。米国有数の名門大学であるカリフォルニア大学バークレー校の学士課程においても、〈大学固有の学び〉がなされていないのであれば、米国の他大学においても同様の状況があるのではないかと推察される。大学の学部教育において、〈大学固有の学び〉がなされていないという点については、日本とそう変わらないように思われる。

ここまでカリフォルニア大学バークレー校の教員や学生へのインタビューから、米国大学における学びについて検討してきた。これまで日本では、米国では学生がよく学ぶこと、また米国学生の授業外学修時間の長さは、「理想」であるように語られてきた。しかし、本調査によって、米国の名門大学においても、学生や教員は学習／教育についてさまざまな問題を抱えており、学生がよく学んでいるとは一概にいえない様相があることを示した。

日本の大学教育改革を進めるにあたり、米国など海外の大学から学ぶことは引き続き有益だと考えられる。しかし、歴史も文化も異なる海外の大学に「理想的な学生像」「理想的な大学像」を求めすぎないこと、またときには海外の大学や教育制度に「憧れることをやめる」ことも必要であるように思われる。海外における教育の内実を知るとともに、日本における学生の学びや成長の様相を詳細に知ること、これによって大学教育改革に寄与する日本独自の視点が得られるのではないだろうか。

注

1　二単位の授業であれば、たとえば九〇分×一五コマの授業（これを三〇時間とみなす）と、その倍となる六〇時間の授業外学修が求められる。

2　現在、日本では、授業外の学修内容（授業外課題）だけでなく、授業外学修時間についてもシラバスに記載することが求められている。

3　学生の授業外学修時間について、日米比較を行った金子（2013）は、授業外学修時間が週五時間以下の学生が、米国では二割弱であるのに比べ、日本では七割近くになることなどから、日本の学生の授業外学修時間の少なさを指摘した。

4　ただし、森（2022）は、「一単位は一時間の教室内授業と二時間の教室外学修を一五回繰り返すことによって構成される」という習慣は長くデ・ファクト・スタンダード（事実上の標準）であり、二〇一一年に連邦規模の法制度に組み込まれたと述べている。しかし、そののちに必ずしも教室内外の学修時間に依拠しないという内容が盛り込まれたとしている。

5　清水（1998）は、マサチューセッツ工科大学やカリフォルニア工科大学では、科目ごとに教室、実験室、家庭でのそれぞれの学修時間と取得単位を明示する（たとえば、三-三-六で一二単位）という〝ユニークな単位制度〟をとっていると伝えている。また、小方（2022）は、理工系大学であるマサチューセッツ工科大学のシラバスでは、授業外学修時間が記載されていることを伝えている。

6　ＱＳ（イギリスの大学評価機関）の世界の大学ランキング2024参照。ただし、バークレー校は、学生と教員の比率（ＳＴ比）では、よい評価を得られていない。

7　二〇二三年度データによる。二〇二三年度の学生数（大学院生含む）は、バークレー校は四五、六九九人、早稲田大学は四七、一六六人であった。

8　ハーバード大学、スタンフォード大学とも一学年一、六〇〇～一、七〇〇名程度である。

9　カリフォルニア州の高等教育制度を策定したものはカリフォルニア・マスタープランと呼ばれる。カリフォルニア大学群、カリフォルニア州立大学群、コミュニティカレッジ群という三層構造があり、それぞれの層には明確な機能・役割がある（喜多村 2000）とされる。

10　カリフォルニア大学バークレー校では、ＴＡではなくＧＳＩ（Graduate Student Instructor）とも呼ばれるが、本補論では、ＴＡに統一した。

11　教員が多忙であることも考えられたため、大学教員の担当授業時数について、教員Ｄに確認したところ、普通の教員は平均で一年間に三科目を教えるとのことであった。以前は四科目だったが、一五年ほど前にバークレー校と同等の大学（ピア・ユニバーシティ）と比較した結果、三科目に変更されたとのこと。教員Ｄは大学で他の重要な業務を担っているため、担当するのは一年間に二科目だけということだった。

12　カリフォルニア大学バークレー校では、大学院教育においてＴＡの経験を単位化している学科も多い（小笠原 2007）という。教員Ｅは、初めてＴＡを担当する大学院生を対象として、教え方を教える授業を行っていたと述べた。

文　献

アキ・ロバーツ、竹内洋（2017）『アメリカの大学の裏側――「世界最高水準」は危機にあるのか？』朝日新書。

潮木守一（1982）『教育学大全集6　大学と社会』第一法規出版。

江原武一（1994）『現代アメリカの大学――ポスト大衆化をめざして』玉川大学出版部。

小笠原正明（2007）「研究大学における理系の基礎教育とティーチングアシスタントの役割」『名古屋高等教育研究』第七号、二四九－二六七頁。

小方直幸（2022）「時間という箱、成果という果実」『ＩＤＥ現代の高等教育』六四五、九－一四頁。

金子元久（2013）『大学教育の再構築：学生を成長させる大学へ』玉川大学出版部。

金子元久（2022）「『単位』制度の出発点」『ＩＤＥ現代の高等教育』六四三、六三－六七頁。

苅谷剛彦（［1992］2012）『アメリカの大学・ニッポンの大学　ＴＡ、シラバス、授業評価』中央新書ラクレ。

喜多村和之（2000）「『質』の保証――カリフォルニア・マスタープランの事例にふれて」『高等教育研究紀要』第一八号、八二－九二頁。

清水一彦（1998）『日米の大学単位制度の比較史的研究』風間書房。

清水一彦（2014）「単位制度の再構築」『大学評価研究』第一三号、三九‐四九頁。

大学基準協会（［1951］1987）『大学に於ける一般教育——一般教育研究委員会報告　復刻版』大学基準協会。

大学審議会（1991）『大学教育の改善について（答申）』。

大学審議会（1997）『高等教育の一層の改善について（答申）』。

福留東土編（2019）『カリフォルニア大学バークレー校の経営と教育　（高等教育研究叢書）』一四九巻、広島大学高等教育研究開発センター。

森利枝（2022）「米国の単位制度——引き続く議論」『ＩＤＥ現代の高等教育』六四五、四四‐四七頁。
K. J. Gillespie, D. L. Robertson（2010）“A Guide to Faculty Development,” John Wiley & Sons, Inc. 羽田貴史監訳（2014）『ＦＤガイドブック——大学教員の能力開発』玉川大学出版部。

あとがき

本書は、筆頭編者である濱中淳子を研究代表者とする科学研究費プロジェクト「現代日本における「大学生の学習行動」に関する総合的研究」の成果をまとめたものである。その申請書には、本研究課題の目的として、「「なぜ、日本の学生は学習しないのか」を起点に、現代日本における学生の学習行動について一層深い理解を増進することを目的とする」とある。そのために行ったのが、多様な機関タイプの学生を対象とした半構造化インタビューだった。

上記の目的は、文章として理解はできるものの抽象度が高いうえに、探索的研究であることもあいまって、とくに一年目のインタビューについては落としどころもよくわからず、ただただインタビューの数を重ねているようなところがあった。しかし、研究として形になるかどうかは別として、学生の語りはどれも非常に興味深いものだった。今に至るまでの彼／女らの半生には大なり小なりの「ドラマ」があり、その「ドラマ」に思わず引き込まれてしまうことも少なくなかった。筆者が担当したノンエリート大学の学生でいえば、ミスズやアカリはその典型であるが、読者のみなさんにそれはどれほど伝わっただろうか。

そうした学生の数だけある「ドラマ」を、研究として（ひいては書籍として）どう形にしていくか。

研究メンバーのなかでは若輩者である筆者が、いわゆる「切り込み隊長」として叩き台を作成するというパターンがいつの間にやら定着し、その関係で研究代表者である濱中とかなりの頻度で密な議論（雑談含む）を交わしたのが思い出深い。そうした議論の末にようやくみえてきたのが、〈学校教育の枠組みでの学び〉や〈大学固有の学び〉といった概念枠組みだった。本書では、こうした枠組みに照らして学生の語りをまとめてみたわけだが、いかんせんインタビューを行った時点ではこの枠組みは想定されていなかったわけで、執筆の際に「この点もう少し聞いておけばよかったなぁ」と悔やまれた部分もいくらかある。ただ、そうした「粗い」部分も、探索的研究の成果をまとめるうえでの醍醐味であろうから、その点はどうかご容赦いただければ幸いである。

なお、上記研究プロジェクトは二〇二三年度に終了し、科学研究費プロジェクト「「大学固有の学び」からみた学生の学習行動に関する総合的研究」として二〇二四年度より再出発を果たしている。タイトルからもわかるように、〈大学固有の学び〉を核に据えたプロジェクトである。この研究成果をまた読者のみなさんに紹介できる日が来ることを、編者のひとりとして強く望んでいる次第である。

最後になるが、調査に協力いただいた学生や教職員の方々にはこの場を借りて感謝申し上げるとともに、とくに勁草書房編集部の橋本晶子さんには改めて感謝の意を述べておきたい。こちらから持ち込んだ企画であるにもかかわらず、筆頭編者である濱中が、本書終章で記している学部学生の個別指導に勤しむあまり、序章と終章の執筆が遅れに遅れ、当初計画していた入稿予定日を四か月ほど過ぎてしまった。さぞかしご心配をおかけしたことだろう。しかし、この間に各章の内容がブラッシュアップされ、そして個別指導の重要性も再確認され、より「熟成」された形で世に出すことができたのは事実であり、これは橋本さんの辛抱の賜物であろう。深く感謝申し上げる。

二〇二四年七月二七日　最終打ち合わせをした早稲田キャンパスにて

葛城浩一

執筆者略歴

濱中淳子（はまなか・じゅんこ）
1974年生まれ。早稲田大学教育・総合科学学術院教授。東京大学大学院教育学研究科総合教育科学専攻博士課程修了。博士（教育学）。
著書に『検証・学歴の効用』（勁草書房、2013年）、共編著書に『大学入試改革は高校生の学習行動を変えるか――首都圏10校パネル調査による実証分析』（ミネルヴァ書房、2019年）、『教育劣位社会――教育費をめぐる世論の社会学』（岩波書店、2016年）、などがある。

葛城浩一（くずき・こういち）
1977年生まれ。神戸大学大学教育推進機構准教授。広島大学大学院教育学研究科教育人間科学専攻博士課程修了。博士（教育学）。
著書に『ユニバーサル化時代の大学はどうあるべきか――ボーダーフリー大学の社会学』（玉川大学出版部、2025年）、共著書に『学士課程教育のカリキュラム研究』（東北大学出版会、2021年）、『ノンエリートのためのキャリア教育論――適応と抵抗そして承認と参加』（法律文化社、2015年）などがある。

山内乾史（やまのうち・けんし）
1963年生まれ。佛教大学教育学部教授／神戸大学名誉教授。大阪大学大学院人間科学研究科教育学専攻博士課程中途退学。神戸大学大学院文化学研究科にて博士（学術）を取得。
著書に『「大学教育と社会」ノート――高等教育論への誘い』（学文社、2020年）、共編著書に『学校で起こる教育課題に教育社会学はどう貢献できるか？』（ミネルヴァ書房、2025年）、共著書に『「学校教育と社会」ノート――教育社会学への誘い（第四版）』（学文社、2024年）などがある。

吉田文（よしだ・あや）
1957年生まれ。早稲田大学教育・総合科学学術院教授。東京大学大学院教育

学研究科教育学専攻博士課程修了。博士（教育学）。
著書に『大学与通識教育』（香港新聞出版社、2019年）、『大学と教養教育——戦後日本における模索』（岩波書店、2013年）、編著書に『学士課程教育のグローバル・スタディーズ——国際的視野への転換を展望する』（明石書店、2022年）、『文系大学院をめぐるトリレンマ——大学院・修了者・労働市場をめぐる国際比較』（玉川大学出版部、2020年）などがある。

大多和直樹（おおたわ・なおき）
1970年生まれ。お茶の水女子大学・基幹研究院教授。東京大学大学院教育学研究科総合教育科学専攻博士課程中退。東京大学大学院教育学研究科にて博士（教育学）を取得。
著書に『高校生文化の社会学——生徒と学校の関係はどう変容したか』（有信堂高文社、2014年）、『放課後の社会学』（北樹出版・2014年）、共著書に『大学入試がわかる本——改革を議論するための基礎知識』（岩波書店、2020年）などがある。

武藤浩子（むとう・ひろこ）
早稲田大学教育・総合科学学術院非常勤講師。早稲田大学大学院教育学研究科博士後期課程修了。博士（教育学）。
著書に『企業が求める〈主体性〉とは何か——教育と労働をつなぐ〈主体性〉言説の分析』（東信堂、2023年）、論文に「企業は誰にどのような主体性を求めてきたのか——人的資本経営への提言」（『日本労働研究雑誌』No.774、2025年）、「学生の質問行動に影響を与える要因の検討」（『大学教育学会誌』第41巻第2号、2020年）などがある。

索　　引

あ　行

か　行

さ　行

た　行

な　行

は　行

ま　行

や　行

ら　行

わ　行

〈学ぶ学生〉の実像
大学教育の条件は何か

2024年12月25日　第1版第1刷発行

編著者　濱《はま》中《なか》淳《じゅん》子《こ》
　　　　葛《くず》城《き》浩《こう》一《いち》

発行者　井村寿人

発行所　株式会社　勁《けい》草《そう》書房
112-0005　東京都文京区水道2-1-1　振替　00150-2-175253
（編集）電話　03-3815-5277／FAX　03-3814-6968
（営業）電話　03-3814-6861／FAX　03-3814-6854
堀内印刷所・松岳社

ISBN978-4-326-65446-8　Printed in Japan